iTrends:
uma análise de tendências e mercados

SÉRIE MARKETING PONTO A PONTO

DIALÓGICA

O selo DIALÓGICA da Editora InterSaberes faz referência às publicações que privilegiam uma linguagem na qual o autor dialoga com o leitor por meio de recursos textuais e visuais, o que torna o conteúdo muito mais dinâmico. São livros que criam um ambiente de interação com o leitor – seu universo cultural, social e de elaboração de conhecimentos –, possibilitando um real processo de interlocução para que a comunicação se efetive.

EDITORA
intersaberes

iTrends:
uma análise de tendências e mercados

Achiles Batista Ferreira Junior

Marielle Rieping

EDITORA intersaberes

Rua Clara Vendramim, 58 . Mossunguê
CEP 81200-170 . Curitiba . PR . Brasil
Fone: (41) 2106-4170
www.intersaberes.com
editora@editoraintersaberes.com.br

Conselho editorial Dr. Ivo José Both (presidente); Dr.ª Elena Godoy; Dr. Nelson Luís Dias; Dr. Neri dos Santos; Dr. Ulf Gregor Baranow

Editora-chefe Lindsay Azambuja

Supervisora editorial Ariadne Nunes Wenger

Analista editorial Ariel Martins

Capa Gabriel Czap

Fotografia de capa Raphael Bernadelli

Projeto gráfico Bruno Palma e Silva

Dados Internacionais de Catalogação na Publicação (CIP)
(Câmara Brasileira do Livro, SP, Brasil)

Ferreira Junior, Achiles Batista
   iTrends: uma análise de tendências e mercados/ Achiles Batista Ferreira Junior, Marielle Rieping. – Curitiba: Editora InterSaberes, 2011. (Série Marketing Ponto a Ponto).

   Bibliografia.
   ISBN 978-85-8212-965-4

   1. Marketing – Administração 2. Marketing – Planejamento 3. Tendências – Análise I. Rieping, Marielle. II. Título. III. Série.

13-12528   CDD-658.8

Índice para catálogo sistemático:
1. Marketing: Administração 658.8

1.ª edição, 2014.

Foi feito o depósito legal.

Informamos que é de inteira responsabilidade dos autores a emissão de conceitos.

Nenhuma parte desta publicação poderá ser reproduzida por qualquer meio ou forma sem a prévia autorização da Editora InterSaberes.

A violação dos direitos autorais é crime estabelecido na Lei nº 9.610/1998 e punido pelo art. 184 do Código Penal.

sumário

agradecimentos, 9
prefácio 1, 13
prefácio 2, 17
apresentação, 21
como aproveitar ao máximo este livro, 25

parte 1
Tendências e mercados
29

capítulo 1
Tendências: por que estudá-las?
33

A influência da mídia nas tendências, 34
Tendências mercadológicas, 40
Síntese, 44
Questões para revisão, 45
Questões para reflexão, 46

capítulo 2
Principais tendências e mercados
49

Mercado esportivo, 51
Mercado político e eleitoral, 63
Mercado religioso, 72
Mercado de moda, 81
Mercado jurídico, 90
Mercado digital, 107
Mercado de serviços, 113

Mercado de luxo, 123

Mercado educacional – educação a distância (EaD), 132

Mercado cultural, 139

Síntese, 142

Questões para revisão, 142

Questões para reflexão, 143

parte 2
Consumo e *branding*

145

capítulo 3
O consumidor e suas características

149

Consumidor feminino, 150

Consumidor masculino, 153

Consumo cooperativo, 155

Emotional consumer, 157

Síntese, 159

Questões para revisão, 160

Questão para reflexão, 161

capítulo 4
Branding e *coolhunting*

163

A essência do *branding*, 164

Branded content, 166

Design como estratégia e diferencial competitivo, 168

Coolhunting e mapeamento de novas tendências, 181

Síntese, 183

Questões para revisão, 183

Questão para reflexão, 185

para concluir... 187
referências, 191
apêndice 1, 201
apêndice 2, 203
respostas, 207
sobre os autores, 209

agradecimentos

Em especial, agradeço a Kantsi Sgarbi, a meu filho João Victor Guimarães Ferreira e a minha pequena princesa Betina Sgarbi Ferreira. A meus irmãos, amigos e colegas de profissão que participaram do processo de coleta de dados, entrevistas e constante busca por informações para a realização desta obra.

Um salve especial aos professores **Nelson Castanheira,** Jorge Bernardi, Elizeu Alves, Maura Oliveira Martins, Altemir Farinhas, Jayme Gonçalves Júnior, Ney Leprevost Neto, Benhur Etelberto Gaio, Sergio Centa, Vanderléia Stece de Oliveira, Mário Alencastro, Edelclayton Ribeiro, Juliana Cereda, Talita Juliana Sabião, Juliane Marise Barbosa Teixeira, Karin Sell Schneider Lima e Débora Veneral, ao escritório de advocacia **Valter Carretas** e aos publicitários **Marcio Moraes Soares**, da Agência de Varejo Fabriccatto, e **Luís Tramontini**, da LCT Publicidade.

Agradeço também à **Green Digital**, empresa referência em marketing digital na capital paranaense, à jovem promessa da comunicação **Valdomiro Cirino da Silva Júnior**, da Agência VJ Publicidade, ao empresário do setor de eventos **Eduardo Zathar**, aos promissores publicitários **Franciani Celini, Tissy Alex Sander Moraes, Wesley Junior de Oliveira** e **William Rodrigues Goveia**.

À eterna líder política feminina do Brasil, grande exemplo de determinação e ideal, **Irondi Mantovani Pugliesi**, que me ensinou que as mulheres no exercício de funções públicas fazem a diferença para o bem, e, por fim, ao grande amigo e irmão, um exemplo da determinação do povo brasileiro e um vencedor em terras americanas, **Sérgio Navarro Spolador**.

Um agradecimento especial à memória de um colega de profissão e grande amigo que, com toda a certeza, foi um dos maiores pensadores e questionadores com o qual tive a honra de conviver, o jornalista **Victor Folquening**, que possivelmente influenciou muitos dos pensamentos acerca dos assuntos abordados neste livro, em especial os mais polêmicos, e que, se estivesse presente fisicamente, nesse momento diria: "Mas aonde você quer chegar com isso tudo, Achiles?".

Enfim, agradeço a todos que direta ou indiretamente fizeram parte do processo de produção desta obra e a minha eterna "**Diva**".

Achiles Junior

Escrever este livro foi uma grande emoção e um grande desafio! E, como em tudo o que faço na vida, procurei ser o mais intensa possível.

Agradeço primeiramente a **Deus**, por colocar as pessoas certas em meu caminho, para que, de alguma forma, eu possa aprender com todas elas. Um agradecimento especial e essencial ao mestre e amigo **Achiles Junior**, que sempre acreditou em meu potencial. À **Editora InterSaberes**, por proporcionar essa experiência inesquecível com tanta competência, e a **Emely Borba Matos**, pela revisão impecável.

A meus irmãos **Danielle, Sibelle e Vinícius**, que sempre me incentivam e estão ao meu lado em todos os momentos (amo vocês!). A **Letícia Gonçalves**, pela parceria, troca de ideias e apoio nos momentos em que mais precisei, e a meus queridos **Luiz Otávio Ramos** e **Edmilson Ramos**.

Aos amigos **Rogéria Holtz, Spina, Assunta, Roberto Mello e Ricardo Mello**, que me ajudaram em inúmeros degraus para que eu chegasse aonde estou. Agradeço a **Gabriela Fornells**, pela parceria, e a todos da Selem, Bertozzi & Consultores Associados.

Agradeço também a **Maria Carmencita Job, Maria Rafart, Deborah Fertonani, Beatriz de Queiroz, Enesoe Chan e Paula Abbas**, pessoas com as quais aprendo todos os dias. A **Elizeu Alves**, a **Magrid Tonini** e a querida **Sieglind Kindl da Cunha**, minha professora e meus colegas de mestrado. A meus alunos, ex-alunos e futuros alunos, meu muito obrigada! Aprendo todos os dias com vocês.

A meus professores, ex-professores – em especial **Laura Cachuba, Anna Klamas, Irene Haydeé Costas, Karin Villatore, Vanessa Kotovicz, Paulo Monçores, Janaína Brevilheri** – e futuros professores, meu agradecimento especial. Aprendo todos os dias com vocês também.

Esta obra não teria acontecido sem a paciência e o incentivo do pessoal do Serviço de Apoio às Micro e Pequenas Empresas do Paraná (**Sebrae/PR**), que todos os dias me apoia. Assim, um abraço carinhoso para **José Ricardo Castelo Campos, Marcia Giubertoni, Sonia Shimoyama, Alessandro Rocha, Paulo Tadeu Graciano, Rodrigo Vianna, Walderes Bello, Rafaela Boza** e para todos os demais colegas que trabalham comigo e que conseguem, a cada dia, extrair o melhor de mim. Muito obrigada a cada um de vocês!

Um abraço especial, com muito carinho e admiração, para uma pessoa cujos pensamentos sigo e que é minha mentora e inspiração profissional: **Lara Selem**.

Para finalizar, dedico esta obra à minha mãe, **Zelinda de Oliveira Rieping** (*in memoriam*), que muito lutou por mim. Mãe, é para você!

Marielle Rieping

prefácio 1

Bons estrategistas precisam aprender a guiar-se pelo vento. O único problema é que o vento é invisível, imprevisível, quase uma ficção da natureza (caso não pudéssemos senti-lo em nosso rosto e ver as velas do barco inflar, duvidaríamos que ele existe).

Todo planejamento estratégico que se preze precisa, antes de mais nada, "ler o vento". A análise do ambiente para onde iremos, sozinhos ou coletivamente, é uma investigação que requer olhos apurados, muita informação e conectividade com o presente e o futuro. Essa leitura é o que levará empreendedores e executivos a tomar as melhores decisões sobre o rumo de suas empresas, os novos produtos que criarão e as novas ideias que poderão mudar o mundo.

O livro de Achiles Junior e Marielle Rieping lê o vento. **Aliás, os ventos.** Ventos de mercados diferentes, ventos de públicos diferentes, forças e direções opostas. Ventos que trazem chuvas e que as levam embora. Ventos agitados que definem os rumos da economia e dizem quem compra, o que compra, por que compra, por que comprava e o porquê de não comprar mais.

Fazer essa leitura em meio às turbulências causadas por ventos trepidantes, que mudam rapidamente de curso, cansam-se facilmente das novidades da semana passada, influenciam-se por qualquer comentário nas redes sociais e não se vinculam com tanta facilidade a uma ou outra marca, não deve ter sido tarefa fácil.

Analisar mercados tão complexos, como o esportivo (do futebol às Olimpíadas), o político (em tempos de mensalão frustrado), o religioso (da crise na Igreja Católica à invasão pentecostal), da moda (do morro a Paris), o jurídico (do mercado abarrotado à excelência na gestão legal), o digital (do Google às redes sociais), de serviços (do *delivery* às finanças), do luxo (da Burberry à 25 de Março), o educacional (dos gibis aos portais de EaD) e o cultural (do tablado ao cinema), é mais que fazer leitura do vento. É dar aos tomadores de decisão um mapa de condução dos seus negócios com menor risco.

Mercados à parte, entender de quem consome nesses mercados é tarefa de que nem Freud daria conta. Na salada mista que o mundo é, entender apenas de homens e mulheres que compram não basta. Acrescente aí as gerações X, Y e Z, as empresas que compram, os compradores frios e os emocionais, os movidos por *status*, aqueles movidos por poder e outros por novidade. Sem dúvida, uma mina de ouro para posicionar uma marca.

Sim, marca. É ela que consegue expressar os significados que os mercados e

os consumidores buscam. Uma marca forte, consistente e conectada ao seu cliente tem o poder de arrastar multidões. Quando são realmente fortes, as marcas evoluem, modernizam-se e continuam lá, fazendo-nos desejá-las. Trata-se do legado mais valioso de uma empresa. Empreendedores visionários enxergam-nas e é essa a sua contribuição para o mundo.

Saber que a sua marca pode mudar o grau de percepção das pessoas, criar necessidades que nem elas sabiam que tinham e gerar tantas emoções de que nem nos dávamos conta, além de identificar para onde os ventos sopram e poder inflar a vela da sua empresa na direção certa é o Santo Graal dos CEOs.

O livro *iTrends: uma análise de tendências e mercados* nos dá essa chance.

Lara Selem

Sócia-fundadora da Selem, Bertozzi & Consultores Associados

prefácio 2

Recentemente, lendo um artigo na internet que falava sobre mercados competitivos, deparei-me com a seguinte frase (detalhe: era a primeira frase do artigo): "No cenário competitivo atual, é importante desenvolver produtos e prestar serviços com qualidade, sem retrabalho e de maneira inovadora...". Bom, era a primeira frase e eu já estava desesperada. Pensei: "Ah, tá! Só isso? Que fácil então essa receita de sucesso: crie algo que se reverta em objeto de desejo de grande parte dos consumidores, mas não faça só isso, lembre-se de que ele deve ser de primeira qualidade, de fácil desenvolvimento e produção, acessível financeiramente e certifique-se de que ninguém – mas ninguém mesmo – tenha pensado nele nos últimos três meses...". E olhe que três meses é um tempo bem extenso diante da rapidez com que as informações e a tecnologia têm transformado nossos "lançamentos" em produtos obsoletos.

Se você também pensa que, para sobreviver no cenário de mercado altamente competitivo – fundamentado em ascendente expansão de investimentos e globalização marcada pela rapidez das informações e inovações –, é preciso fazer parte da Liga da Justiça, é porque você ainda não leu o livro *iTrends: uma análise de tendências e mercados*, dos autores **Achiles Junior** e **Marielle Rieping**.

A abordagem simples e dinâmica dos autores nos direciona a análises completas sobre o mercado competitivo e suas facetas e ainda traz sugestões de atuação que se traduzem como ouro para qualquer profissional atuante nesse segmento.

Entender como funcionam esses mecanismos e com que rapidez mudam e influenciam o fluxo de vendas e consumo é essencial para qualquer profissional que se aventura nesse mundo complexo e dinâmico. Em *iTrends: uma análise de tendências e mercados*, você poderá viajar pelas principais tendências e mercados de destaque em crescimento e extensa profissionalização – assuntos relativamente novos, como a preocupação com os segmentos culturais e esportivos (atualmente em alta em virtude da Copa do Mundo de 2014), o cenário cada vez maior dos mercados educacionais e políticos e até mesmo questões referentes ao mercado religioso.

Mas o *tour* não para por aí! Segmentos como o mercado da moda – aliado ao mercado do luxo –, o digital, o jurídico e o setor de serviços também vêm destacando-se como proprietários de uma importante fatia do mercado consumidor. No entanto, tão importante quanto conhecer é entender essas influências e como elas podem intervir no mercado, levando-se em conta o ator mais importante desse cenário: o consumidor.

Entender o que cada consumidor busca ou, em muitos casos, o que ele nem imagina que está buscando é o diferencial que destacará o profissional e sua organização.

Dando seguimento, os autores também abordam o *branding* e as possíveis soluções de que uma marca necessita para sobreviver no mercado, além de seus impactos no consumidor, considerando todo o seu processo, desde a criação e a administração de uma nova marca até o reposicionamento de marcas existentes no cenário mutável, absorvido pela tecnologia e gestão da informação.

Você poderá acompanhar a abordagem dos autores de acordo com os segmentos do público-alvo e a importância do posicionamento da marca e de sua construção no setor multissensorial. Tudo isso acompanhado de casos e exemplos reais de empresas ou situações do nosso cotidiano.

E, para fechar com chave de ouro, os autores nos presenteiam com uma abordagem inovadora sobre o *coolhunting*, sua metodologia, mercado e empresas que utilizam suas tendências, desmistificando sua aplicação e orientando quanto às formas de identificá-las, criá-las, mapeá-las e utilizá-las conforme a necessidade de cada segmento.

É o pacote completo! Teoria alinhada à prática e comentada por esses dois profissionais de ponta do segmento.

Procure uma cadeira confortável e boa leitura!

Prof.ª M.ª Juliane Marise Barbosa Teixeira

Coordenadora de curso
Graduação EaD – Uninter
Linha de pesquisa: sociedade e educação tecnológica

apresentação

Vivemos em um mercado cada vez mais mutável, isso é fato. Basta observar as constantes mudanças de atitudes, hábitos de compra, entre outras alterações percebidas nas mais variadas faixas etárias. Com base nesse princípio de mudança observado na constante evolução da sociedade, esta obra tem como principal finalidade direcionar você, leitor, aos principais mercados que estão em evidência e orientá-lo na escolha de uma especialidade profissional para um futuro bem próximo. Ainda, com esta leitura, você poderá treinar a sua percepção a fim de lidar mais adequadamente com todo o "bombardeio" de informações coletadas todos os dias.

Separamos esta obra em duas partes: a **primeira parte** enfoca as tendências e os mercados, abordando questões como: crescimento e profissionalização dos segmentos esportivos, políticos, culturais, mercados educacionais e funcionamento do mercado religioso. Você entenderá o que são **tendências**, por que é importante analisá-las e quais são os mercados em crescimento e suas principais vertentes. Examinaremos também o impacto de eventos grandiosos na economia e no marketing, além de assuntos relativos aos *naming rights* e à profissionalização do mercado político e eleitoral. Abordaremos ainda os mercados religioso, de moda, jurídico, digital, de luxo, educacional, cultural e o crescimento no setor de serviços.

Já na **segunda parte**, apresentaremos estudos sobre o consumidor, o qual está cada vez mais mutante, assim como o mercado, a fim de levá-lo à compreensão de algumas de suas peculiaridades – o que pode ser um fator de sucesso tanto para o profissional como para a empresa. Além disso, discutiremos o poder do consumidor e suas características, exemplificando com casos sobre o poder de consumo, e a influência dos consumidores feminino, masculino, cooperativo, bem como as compras emocionais e o *design* como estratégia e diferencial competitivo. Na abordagem referente ao *branding*, você entenderá como sintonizar sua marca de acordo com o mercado e as tendências. Por fim, trataremos da profissionalização do *coolhunting*.

A obra passeia por vários universos e segmentos de mercado mapeados por nós, autores. Além disso, ela tem como maior objetivo discutir o direcionamento do pensamento mercadológico, por meio da apresentação de pesquisas e até mesmo entrevistas com os maiores nomes das áreas correspondentes no Brasil.

Ao final desta leitura, estão listados os contatos de alguns autores, empresas e consultores da área, para que o processo de aprendizado seja contínuo. Aliás, o aprendizado é uma tendência e esperamos que este livro leve a você um novo aprendizado e um novo pensamento para uma nova sociedade.

Boa leitura!

como aproveitar ao máximo este livro

Este livro traz alguns recursos que visam enriquecer o seu aprendizado, facilitar a compreensão dos conteúdos e tornar a leitura mais dinâmica. São ferramentas projetadas de acordo com a natureza dos temas que vamos examinar. Veja a seguir como esses recursos se encontram distribuídos no projeto gráfico da obra.

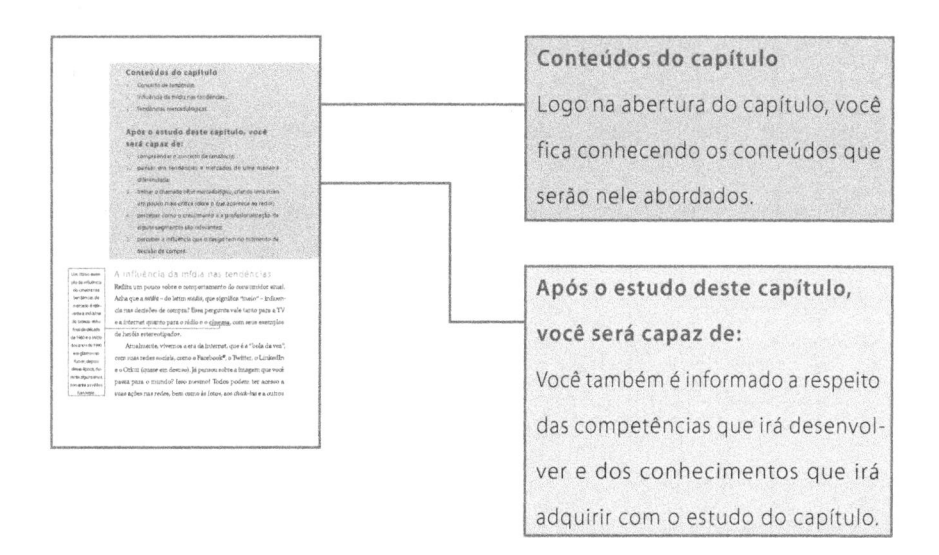

Conteúdos do capítulo
Logo na abertura do capítulo, você fica conhecendo os conteúdos que serão nele abordados.

Após o estudo deste capítulo, você será capaz de:
Você também é informado a respeito das competências que irá desenvolver e dos conhecimentos que irá adquirir com o estudo do capítulo.

Para refletir

Aqui você encontra trechos de textos que levam à reflexão sobre o assunto abordado no capítulo.

Síntese

Você dispõe, ao final do capítulo, de uma síntese que traz os principais conceitos nele abordados.

Questões para revisão

Com estas atividades, você tem a possibilidade de rever os principais conceitos analisados. Ao final do livro, os autores disponibilizam as respostas às questões, a fim de que você possa verificar como está sua aprendizagem.

Questões para reflexão

Nesta seção, a proposta é levá-lo a refletir criticamente sobre alguns assuntos e trocar ideias e experiências com seus pares.

Estudo de caso

Esta seção traz ao seu conhecimento situações que vão aproximar os conteúdos estudados de sua prática profissional.

Para saber mais

Você pode consultar as obras indicadas nesta seção para aprofundar sua aprendizagem.

parte 1
tendências
e mercados

> Para o guru do marketing, Philip Kotler (2003, p. 36), "Marketing é a função empresarial que identifica necessidades e desejos insatisfeitos, define e mede sua magnitude e seu potencial de rentabilidade, especifica que mercados-alvo serão mais bem atendidos pela empresa, decide sobre produtos, serviços e programas adequados para servir a esses mercados selecionados e convoca a todos na organização para pensar no cliente e atender ao cliente".

Introdução

O **marketing**, objeto do nosso estudo, é definido por muitos teóricos como *mercado em ação em constante movimento*. No português, poderíamos traduzir a palavra *marketing* como *mercadologia*, que significa "estudo do mercado". Com base nesse entendimento, verificaremos algumas das **tendências** encontradas no contexto do marketing.

A fim de explicitar melhor esse conceito, reforçaremos o processo de aprendizagem com práticas simples de observação de mercados com os quais você tem contato no seu dia a dia.

Começaremos pelo mais comum: o supermercado. Quem determina a compra e o horário em que há maior movimento? Qual é o perfil dos consumidores? Que tipos de produtos você consumia há cinco anos? E há três? O que você consome hoje? Quanto do seu rendimento você gasta em diversão e entretenimento? Ou já não gasta com isso há tempos? Qual foi a última vez que você foi ao cinema? Quanto gastou? Seu rendimento vai quase todo para gastos de manutenção da casa?

Por falar em cinema, faça agora o seguinte teste: pergunte aos seus amigos e familiares quanto custa o ingresso para assistir a um filme. A resposta-padrão possivelmente será: "Depende, que dia? Meia? Inteira? Qual o horário da sessão? Em qual cinema? Em qual *shopping*? Com ou sem direito a pipoca?". Vale lembrar que muitas vezes a pipoca é mais cara do que o próprio ingresso. Desse modo, uma promoção específica pode ter outro objetivo, ou seja, nem sempre a empresa visa faturar com o ingresso, mas

atrair novos consumidores da sétima arte e, consequentemente, vender mais pipoca. Assim, baixando o percentual do valor da entrada, aumenta-se o volume de vendas na *bonbonnière* e o lucro se mantém.

> *bonbonnière*: Estabelecimento comercial comum em cinemas e teatros onde se vendem guloseimas em geral.

Fique mais atento! Com base nessas práticas de observação, você poderá "treinar" sua percepção mercadológica e perceber como as necessidades surgem e são "despertadas", dando maior atenção às diferenças entre elas e aos impactos gerados na sociedade e na economia. Não basta falar sobre a influência da mídia, do cinema e da TV, é necessário refletir sobre sua essência e suas bases. Com isso, você irá identificar melhor o mercado em que está atuando e entender de maneira mais adequada o que são as chamadas *tendências*.

capítulo 1
tendências: por que estudá-las?

Conteúdos do capítulo
» Conceito de *tendência*.
» Influência da mídia nas tendências.
» Tendências mercadológicas.

Após o estudo deste capítulo, você será capaz de:
1. compreender o conceito de *tendência*;
2. pensar em tendências e mercados de uma maneira diferenciada;
3. treinar o chamado *olhar mercadológico*, criando uma visão um pouco mais crítica sobre o que acontece ao redor;
4. perceber como o crescimento e a profissionalização de alguns segmentos são relevantes;
5. perceber a influência que o *design* tem no momento de decisão de compra.

A influência da mídia nas tendências

Reflita um pouco sobre o comportamento do consumidor atual. Acha que a *mídia* – do latim *media*, que significa "meio" – influencia nas decisões de compra? Essa pergunta vale tanto para a TV e a internet quanto para o rádio e o cinema, com seus exemplos de heróis estereotipados.

Atualmente, vivemos a era da internet, que é a "bola da vez", com suas redes sociais, como o Facebook®, o Twitter, o LinkedIn e o Orkut (quase em desuso). Já pensou sobre a imagem que você passa para o mundo? Isso mesmo! Todos podem ter acesso a suas ações nas redes, bem como às fotos, aos *check-ins* e a outros

> Um ótimo exemplo da influência do cinema nas tendências de mercado é referente à indústria do tabaco: até o final da década de 1980 e o início dos anos de 1990 era glamoroso fumar; depois dessa época, durante alguns anos, somente os vilões fumavam.

dados que você compartilha. O seu novo chefe poderá pesquisar informações sobre você na internet antes mesmo de contratá-lo. As redes sociais são ótimas, mas a maioria dos usuários as trata como diários eletrônicos.

Nesse contexto virtual, observamos algumas situações bem interessantes no dia a dia das pessoas. Elas se amam, mas, em questão de horas, brigam, terminam os seus relacionamentos e alteram o *status* para "solteiro(a)" nas redes sociais. No entanto, pouco tempo depois, elas estão em um "relacionamento sério" novamente. **Isso é um exemplo de tendência, em que novos rumos atraem novos consumidores.**

> Para Kotler (1998, p. 144), "tendência é uma direção ou sequência de eventos que ocorre em algum momento e promete durabilidade".

Para que você comece a pensar mais sobre esse assunto, perceba que as famílias estão mudando seus hábitos e costumes e que, portanto, o marketing deve acompanhar esse ritmo. Pense em uma família que aos domigos almoça fora, mas sempre em um restaurante de comida caseira. Isso faz você pensar que algo está um tanto incoerente?

Seja *on-line*, seja *off-line*, o mercado se repete, pois a receita é a mesma e muito antiga. Por exemplo, se algum cantor faz sucesso com um público restrito, ele é considerado interessante, *cult* ou até mesmo *cool*, como muitos falam. A partir do momento em que esse cantor vai a um programa de auditório e conquista a notoriedade da grande massa, deixa de ser tão legal e passa a ser considerado *pop* demais, não é? **Não seria essa uma tendência no mercado fonográfico?**

Continuemos nesse segmento mercadológico. Lembre-se do tempo áureo dos Menudos, do surgimento de grupos musicais nacionais como o Dominó e seu sucesso "Manequim" – enfim, lembre-se das chamadas *boy bands* em geral. Perceba que, depois que se popularizaram, essas bandas, assim como em qualquer outro mercado, apresentaram um ciclo de vida determinado. No caso do segmento musical, esse ciclo está cada vez menor. Depois vieram as *girl bands,* como as Spice Girls, a Rouge e outras mais (neste momento você deve estar relembrando e pensando como eram legais ou ruins).

Eis que presenciamos, então, a "era do pagode". Cabe aqui uma observação: **a influência das mídias no que se refere a esses grupos musicais**. Lembra-se do grupo de axé É o Tchan, com suas loiras e morenas ditando padrões de beleza? Faça o seguinte: procure no Youtube alguns vídeos desse grupo e veja se eles equivalem ao considerado hoje como padrão de estética, beleza, moda e até mesmo estilo musical.

Ainda utilizando o segmento musical para exemplificar as constantes mudanças de hábitos e consumos, pense no poder de influência que Luan Santana ou Michel Teló e seu sucesso "Ai, se eu te pego" têm sobre seu público. Assim, observamos que as tendências são direcionadas pela mídia, ou seja, o que no mês passado era bom, neste pode não ser. Seria esse o pensamento mais adequado sobre tendências, afinal, é tudo entretenimento!

Na letra da música "A melhor banda de todos os tempos da última semana", a banda Titãs fala sobre como funciona esse inconstante mercado musical, que tem diversas características comuns a todos os outros existentes.

Estamos apresentando exemplos de épocas diferentes para que você, leitor, tenha maior facilidade no entedimento da influência da mídia. A propósito, lembra-se do *hit* "Use filtro solar", popularizado pelo jornalista Pedro Bial? Virou um "meme". Todos compravam e copiavam o CD com a locução do famoso apresentador do Big Brother Brasil (BBB). A diferença é que o meio era outro, pois fazíamos maior utilização do *e-mail* ou de gravações em *CD-ROM*.

Mudamos de mídias, mas o contexto é sempre o mesmo.

A versão original "Everybody's Free (To Wear Sunscreen)", mixada pelo diretor de cinema Baz Luhrmann em 1999, é baseada no artigo "*Advice, like youth, probably just wasted on the Young*", escrito por Mary Schmich e publicado no jornal americano *Chicago Tribune*.

O que é Meme:

Meme é um termo grego que significa imitação. Na internet, o significado de meme refere-se a um fenômeno em que uma pessoa, um vídeo, uma imagem, uma frase, uma ideia, uma música, uma *hashtag*, um blog, etc., alcança muita popularidade entre os usuários. [...]

O conceito de "meme" foi criado pelo zoólogo e escritor Richard Dawkins, em 1976, quando escreveu no livro "The Selfish Gene" (O Gene Egoísta) que, tal como o gene, o meme é uma unidade de informação com capacidade de se multiplicar, através das ideias e informações que se propagam de indivíduo para indivíduo. Os memes constituem um vasto campo de estudo da Memética.

Fonte: Significado..., 2013.

Tempos atrás, era necessário ter acesso aos grandes meios de comunicação ou ser diretor, proprietário ou presidente de uma grande corporação de comunicação para conseguir acesso a informações relevantes. Hoje, o poder mudou de mãos. Com o acesso à informação cada vez mais democrático, podemos postar uma notícia antes mesmo de os veículos oficiais de comunicação realizarem isso.

A seguir, você encontra pesquisas que comprovam algumas das nossas ideias sobre tendências e novos mercados. Veja que no ano de 2011, segundo a Agência de Publicidade F/Nazca, eram cerca de 81,3 milhões de internautas a partir de 12 anos. Isso nos remete a novas ideias, comportamentos, hábitos, desejos, necessidades, busca por informações, enfim, a novos mercados, concorda?

De acordo com a Pesquisa Nacional por Amostra de Domicílios (Pnad), o percentual de brasileiros conectados à internet aumentou em 6,8%, entre 2011 e 2012, ou seja, mais pessoas conectadas e novamente outras mudanças. Também foi registrado um aumento no número de internautas nas regiões Norte e Nordeste (Portal Brasil, 2013). E isso é somente o começo.

Assim, surge o termo *iTrends*, que, além se referir às tendências no mundo virtual e suas consequências no mundo real, remete ao direcionamento de vários mercados, suas evoluções e características. Pense sempre em um mercado que está ligado de forma muito evidente ao seu passado, ou seja, para estudar as tendências, é necessário entender o início do mercado, seus erros e acertos, e atentar para o caminho percorrido a fim de ter um futuro mais delineado, minimizando-se, desse modo, a possibilidade de equívocos, em qualquer área do conhecimento humano.

A tendência da busca do profissional considerado "especialista generalista" exige mais dedicação a cada dia, e engana-se aquele que acha que, ao terminar a graduação, sua vida acadêmica está encerrada. É apenas o começo, principalmente para o profissional de comunicação! O publicitário Márcio Soares (2013), sócio-diretor da Agência de Propaganda Fabricatto, especializada em varejo e localizada em Curitiba, Paraná, concedeu-nos uma entrevista em que disse:

> Hoje não existe só uma tendência, mas uma realização formada por várias tendências: investimento em novas mídias, tais como redes sociais; esforço de comunicação no ponto de venda; e grande atenção às chamadas ações de guerrilhas, ou seja, foco principal nas estratégias criativas e que gerem um grande buzz.
>
> Com foco na aproximação e participação dos prospects nas promoções e não mais interrompendo o cliente, com destaque para que a marca não somente seja exposta e sim interaja com o cliente, isso tudo com grande atenção e investimento em pesquisa. Vivemos na era da informação e faremos o uso desta da melhor maneira possível.

Observamos várias tendências e mercados importantes que estão proporcionando um novo conjunto de crenças e também de práticas por parte de pessoas e empresas. Não são somente os considerados profissionais de marketing que deverão repensar as suas práticas, filosofias, percepções e ferramentas mercadológicas, mas o mercado com um todo.

Acompanhamos também uma tendência interessante que chama a atenção para uma maior necessidade de envolvimento do consumidor com a marca, em que propagandas tradicionais

> Esse conceito será aprofundado na Parte 2 desta obra.

focam na estratégia de *branding*, ou seja, o ato de envolver o consumidor é um caminho que norteia o rumo do novo perfil de consumo.

Tendências mercadológicas

> Alguns trechos desta seção foram adaptados e extraídos de Públio (2012).

Como uma tendência impacta determinado negócio? Para falar de qualquer tendência, seja qual for o mercado, não podemos nos esquecer de analisar duas características fundamentais: o **consumidor**, uma vez que a tendência irá impactá-lo (ou ser impactada por ele), e a constante **inovação**, visto que ela é a "mola propulsora" de toda tendência.

> Toda tendência é acompanhada por uma inovação, seja no processo da empresa ou de um produto, seja no processo de uma marca ou de um novo negócio. Assim, **não existe tendência sem inovação**.

Na empresa, um profissional da área de gestão e marketing deve analisar as tendências por diversos motivos, entre os quais estão os seguintes:

- » para entender para onde o mercado está indo e aplicar as novidades a fim de que a empresa continue obtendo cada vez mais espaço mercadológico;
- » para identificar novas áreas potenciais de negócios, bem como sua forma de crescimento no mercado, além de novos nichos de atuação;

» para estudar novas estratégias a serem adotadas no âmbito corporativo a fim de acompanhar o mercado;

» para entender o que o consumidor de determinado mercado busca e qual a tendência de consumo e mercado diante de estudos do comportamento de consumo.

Os cenários em que os mercados atuam alteram-se a todo instante. Variáveis como a economia e a política são exemplos que impactam diretamente a construção de um cenário e de uma tendência.

> As tendências não são um conjunto de "adivinhações", mas um compilado de estudos e análises com o objetivo de entender profundamente o mercado.

Você se lembra dos móveis de sua casa há 10 anos? Repare que existe hoje uma preocupação com o *design* de móveis e produtos e até mesmo com a arquitetura de novas casas e prédios. Além do *design*, os consumidores buscam a integração deste com a funcionalidade e a durabilidade do produto.

Mas por que essa preocupação com o *design* de interiores? Os casais estão mais modernos, gostam de receber visitas de amigos em sua casa e de perceber que em cada aposento há uma identificação pessoal e, ainda, buscam fortemente a qualidade de vida. Assim, adquirir produtos novos, com *design* diferenciado, qualidade e praticidade é uma forma de conquistar esses objetivos.

O crescimento desses mercados (arquitetura, *design* de interiores, *design* de móveis e produtos) está diretamente ligado ao emocional e ao situacional. Se o consumidor mora sozinho, busca por móveis específicos, uma vez que geralmente sua residência é menor. O produto a seguir é um exemplo de inovação atrativa a esse tipo de consumidor devido à sua praticidade.

> Esta é a lavadora iBasket, da empresa Electrolux. Ela possui o formato de um cesto, ou seja, você coloca as roupas e ela possui um sensor que liga, lava e desliga automaticamente quando "sente" que o cesto está cheio. Outra vantagem é que possui conexão *wireless*, que permite a sua configuração e envia mensagens de quando acaba e do estado da lavagem. Quando você imaginou que poderia viver nesta nova era? Pois é, ela chegou.

Para Kotler e Bes (2011), as tendências duram de um a cinco anos. Como exemplo, podemos citar o surgimento de inúmeros *sites* de compra coletiva após o *boom* do *site* Peixe Urbano, criado com o intuito de vender diversas promoções pela internet, possibilitando aos consumidores a compra de produtos e serviços com um grande desconto. E quem não quer pagar barato? Foi esta lacuna que o *site* se propôs a preencher: do consumidor que necessita obter uma vantagem (nesse caso, de comprar com desconto) e do estabelecimento em poder apresentar seu negócio para novos clientes e atuar com venda em quantidade.

Esse modelo de negócio deu muito certo no Brasil e, após a explosão de consumidores cadastrados e *tickets* vendidos, surgiram milhares de *sites* com propostas similares, mas com diversos diferenciais. Alguns atendiam somente mulheres, com enfoque na venda de produtos de vestuário, outros se dedicavam à venda de pacotes turísticos e produtos eletrônicos. Criaram-se vários *sites* para agradar todo tipo de público. Entretanto, muitos não deram certo. Foi uma excelente ideia, uma lacuna realmente preenchida. Surgiram diversas propostas similares, mas foi apenas uma **tendência**. Impactou o mercado e o consumidor, inovou na forma de vender, mas teve seu tempo útil de vida. Isso exemplifica claramente o que é uma tendência no mercado digital.

Figura 1.1 – *Site* Peixe Urbano

É importante não entender as tendências como verdade absoluta, pois elas apenas indicam um fluxo de comportamento de massa. Considerando-se que as pessoas agem e reagem na sociedade individualmente ou em grupos, o que pode ser tendência para um grupo certamente não será para outro, certo?

> **Para refletir**
>
> De acordo com o professor Marcelo Abílio Públio (2012), podemos observar que algumas tendências já fazem parte da nossa vida. Por exemplo, vivemos um tempo em que a China está presente em nosso cotidiano e, para confirmar isso, basta observar nos rótulos da maioria dos produtos – cerca de 90%, conforme Públio (2012) – a frase "*Made in China*" ou "Fabricado na China". No *blog* do professor também são discutidas outras tendências para 2012 (que, por enquanto, perduram até hoje), elencadas pelo *site* **Trend Watching**.

Para saber mais, acesse o *site* <http://www.trendwatching.com/pt/trends/> e descubra as tendências de consumo possivelmente promissoras para cada ano.

Síntese

Neste capítulo, apresentamos o significado de *tendência* por meio de exemplos que percorreram as últimas décadas. Com as alterações nos segmentos mercadológicos, ocorre uma mudança no perfil do consumidor e, logicamente, as empresas e os profissionais devem atentar para o estilo de vida do consumidor, o qual interage com o mercado.

Questões para revisão

1. De que forma as tendências mercadológicas impactam o consumidor e o negócio?

   a. Apenas impactam diretamente, pois, quando o impacto é indireto, não se trata de tendência, mas de cenários.

   b. Impactam indiretamente, pois não existe uma forma de mensurar as tendências, já que não sabemos quando elas acontecerão.

   c. Impactam direta e indiretamente tanto o consumidor quanto o negócio e o mercado de atuação. É por meio de análises de tendências e mercados que podemos ter um direcionamento das tendências mercadológicas futuras.

   d. Não impactam.

   e. Impactam somente a venda, se determinado produto ou serviço é vendido.

2. Assinale a alternativa incorreta:

   a. Um profissional de marketing deve analisar as tendências por diversos motivos, entre os quais está a necessidade de entender os novos rumos do mercado em busca de inovação para a empresa.

   b. Toda tendência que surge é acompanhada por uma inovação.

   c. As tendências determinam o comportamento de toda a população.

   d. Para compreender o mercado, é necessário estudar novas estratégias a serem adotadas no âmbito corporativo.

   e. A inovação no *design* influencia a compra do consumidor.

3. Por que a análise do consumidor e da inovação é fundamental para a compreensão das tendências?

4. Como as tendências podem ser observadas no cotidiano das pessoas?

5. Assinale (V) para verdadeiro e (F) para falso:
   ( ) Após o surgimento do Facebook®, inúmeros *sites* de venda foram inseridos no cotidiano das pessoas.
   ( ) A inovação é uma das características fundamentais para o sucesso de uma tendência.
   ( ) Toda tendência tem um tempo de vida útil.
   ( ) Para acompanhar o mercado, é necessário apenas observar o ritmo de tendências passadas. Isso conferirá uma noção das tendências futuras.

Questões para reflexão

1. A observação é uma das grandes ferramentas dos profissionais de marketing e propaganda. Assim, analise os principais produtos que estão em sua casa. São produtos novos? São marcas novas? São produtos que podemos considerar "tendência" ou que já estão no mercado há algum tempo?

2. Reúna seus colegas e pessoas próximas e liste as principais tendências que ocorreram nos últimos cinco anos. Pense nos mercados em que ocorreram essas tendências e nos consumidores que foram impactados. De que forma os consumidores e os mercados foram impactados? Houve inovação? Ao final, pense em cada tendência e no que pode acontecer com

elas nos próximos cinco anos. Elas ainda existirão? De que forma?

Para saber mais

ARCANGELI, C. **Como identificar tendências de mercado?** Disponível em: <http://www.endeavor.org.br/artigos/marketing-vendas/pesquisa-de-mercado/como-identificar-tendencias-de-mercado>. Acesso em: 14 set. 2013.

Esse artigo da empresária Cristiana Arcangeli mostra de que forma você pode identificar as tendências de mercado e as principais mudanças que estão ocorrendo, aspecto relevante para a análise mercadológica.

capítulo 2
principais tendências e mercados

Conteúdos do capítulo

» Mercado esportivo.

» Mercado político e eleitoral.

» Mercado religioso.

» Mercado de moda.

» Mercado jurídico.

» Mercado digital.

» Mercado de serviços.

» Mercado de luxo.

» Mercado educacional – educação a distância (EaD).

» Mercado cultural.

Após o estudo deste capítulo, você será capaz de:

1. atentar para mudanças mercadológicas e comportamentais;
2. perceber como o resultado de um campeonato pode influenciar um mercado local ou nacional no que diz respeito ao segmento político;
3. tornar-se um eleitor mais criterioso;
4. perceber como ações de marketing voltadas para as áreas culturais vão além da associação de uma marca a um evento cultural;
5. identificar a grande competividade existente no mercado educacional e o crescimento da modalidade de ensino a distância.

Mercado esportivo

O conceito de *mercado esportivo* pode parecer muito usual para alguns leitores, mas, se observarmos outras culturas e países desenvolvidos que têm realmente o esporte como algo levado a sério – os quais já entenderam o poder do esporte, as quantias movimentadas e seu impacto na receita tanto dos atletas e clubes como dos anunciantes –, veremos que ainda estamos galgando os primeiros passos.

Alguns trechos desta seção foram adaptados e extraídos de Minadeo (2013).

Talvez seja assim pelo fato de vivermos em um país jovem em comparação aos demais. Não estamos afirmando, porém, que vivemos na Idade da Pedra em relação ao esporte, mas que ainda temos muito a explorar nesse campo. Primeiramente, precisamos entender que a tendência nesse mercado é ir além do bom e velho patrocínio.

Para se ter uma ideia sobre o assunto, no Brasil, foi somente por volta dos anos de 1970 e 1980 que o esporte teve seu impulso, por meio do vôlei, do automobilismo (com os ex-automobilistas Nelson Piquet e Emerson Fittipaldi), do atletismo (com João do Pulo e Joaquim Cruz), da natação (com os ex-nadadores Gustavo Prado, Gustavo Borges e Fernando Scherer, o Xuxa), do basquete (com Oscar Schmidt, Paula e Hortência) e do futebol (com Sócrates no Corinthians, Zico no Flamengo e Assis e Washington no Atlético Paranaense).

Foi nesse período e graças ao destaque de alguns nomes no esporte que houve o interesse da juventude pela área e da grande mídia pela cobertura e maior divulgação dos novos e vários talentos recém-descobertos.

Nessa mesma época, além dos nomes mencionados, surgiram ícones como Bernard e sua famosa "jornada nas estrelas" no vôlei, Ayrton Senna no automobilismo, e Djam Madruga na natação. Isso apenas para citar alguns dos grandes nomes do esporte nacional. Foi o início de uma geração que visualizou o esporte como saúde – visão que modificou costumes e vários conceitos de beleza e qualidade de vida, além de lançar no mercado novas modas e um vocabulário próprio.

No entanto, podemos observar que o marketing esportivo se tornou mais conhecido e popularizado em todo o mundo por meio da divulgação de propagandas de esporte sob o patrocínio de cigarros e bebidas alcoólicas. Houve um tempo em que isso era comum, mas, devido a mudanças nas leis que regem a propaganda, atualmente essa prática não mais produz uma boa imagem perante o público, principalmente pelo fato de a Lei nº 10.167, de 27 de dezembro de 2000 (Brasil, 2000), restringir e até mesmo proibir essas mensagens publicitárias.

No futebol, a história dos patrocínios teve seu início na Itália, no ano de 1952. Na ocasião, a destilaria Stock, que produzia um conhaque bastante famoso, investiu em anúncios em todos os estados italianos, para cada um dos clubes da série "A", iniciando, assim, essa prática agora comum nos clubes esportivos.

Segundo Minadeo (2013, p. 112), no que se refere ao "fator externo legal", até os idos de 1979 a Federação Internacional de Futebol Associado (Fifa) impedia que os times explorassem com fins lucrativos o seu lado comercial ao estampar qualquer marca de produto em seus uniformes oficiais. Entretanto, vale lembrar que não era vetada a utilização da logomarca de seus fabricantes.

Mas, afinal, por que as empresas investem no esporte?

Sabe-se que, atualmente, toda marca busca um maior reconhecimento no mercado. Caso ela seja uma tradição no mercado consumidor, terá, por consequência, uma imagem preferencialmente positiva.

Tais características mercadológicas levam um determinado segmento da sociedade a consumir com mais intensidade essa marca. Da mesma maneira que o marketing se refere a mercado em movimento, sabe-se também ele está sempre sujeito a diversas mudanças em virtude do surgimento de novas tendências. Com novos produtos e inúmeras marcas concorrentes, as empresas necessitam cada vez mais de maior reciclagem de ideias e constante adequação da imagem do seu produto ou serviço, buscando, assim, novos consumidores e a fidelização daqueles já conquistados.

Nesse sentido, a difusão de marcas no meio esportivo vem sendo cada vez mais uma excelente oportunidade para divulgação, uma vez que gera retorno em grande quantidade, além de mídia espontânea. Leia a seguir um relato sobre isso e entenda melhor o conceito de *mídia espontânea*.

Título do Corinthians gera enorme mídia espontânea para a Iveco

Você certamente já ouviu falar sobre mídia espontânea. Ainda assim, para aqueles que nunca ouviram falar, vale uma breve explicação do que seria isso.

Mídia espontânea refere-se ao espaço obtido na mídia de forma natural, sem que você tenha pago ou feito qualquer tipo de acordo para a divulgação da marca com os diferentes veículos de mídia nos quais a sua marca apareceu. Com isso, você tem uma comunicação massificada com o seu público, fazendo com que a marca tenha maior visibilidade, ampliando o conhecimento sobre ela ou reforçando a sua imagem perante o público em geral.

Faz parte do planejamento de marketing obter mídia espontânea em algumas ocasiões, e, no esporte, essa relação é direta. Vemos os anunciantes nas camisas e nos calções dos times e, quando a marca aparece em jornais, noticiários, revistas e *sites* de internet, temos aí uma exibição espontânea da marca.

Quer um último exemplo de mídia espontânea? Conte quantas vezes a marca Iveco apareceu na mídia, seja na TV, jornal, revista, internet, ao **redor do mundo**, depois da final de ontem [04/07/2012]. Corinthians e Boca foram o assunto do momento nos últimos dias. Após a final de ontem, a Iveco apareceu em tudo quanto é noticiário, e não foi só no Brasil que a onda Corinthiana tomou conta. Teve Corinthians e de carona a Iveco, na Espanha, França, Portugal, Itália, Inglaterra etc.

O Corinthians levou o título e ainda levou a Iveco para ser uma das marcas mais conhecidas no país. Você pode ainda não saber o que a Iveco faz, mas sabe que ela estava lá na final da Libertadores, escancarada no uniforme do Timão.

Ah... e para quem ainda não sabe, a Iveco é uma fabricante de veículos pesados, caminhões, ônibus e utilitários leves.

Fonte: Adaptado de Souza, 2012.

Retorno em imagem a longo prazo

Na maioria das vezes que falamos em retorno em imagem, pensamos sempre na probabilidade de patrocinar a marca ou o produto/serviço a fim de que se torne parte integrante da experiência e emoção vividas pelo telespectador, durante, por exemplo, a transmissão de um jogo.

Minadeo (1996, p. 220) entende *mídia* como "o canal que a propaganda utiliza para encaminhar a mensagem publicitária ao mercado-alvo". Para ele, a mídia, entre outras coisas, é a análise e a interpretação dos veículos de comunicação e um instrumento de expressão publicitária.

Alguns autores apontam o marketing esportivo como uma forma de mídia alternativa, uma vez que ele é capaz de promover uma marca diante de seu público-alvo e, assim, receber imagem e venda em troca de publicidade.

Pozzi e Oliveira (1996) afirmam que essa captação de mensagem normalmente é feita em momentos de descontração e relaxamento, como em uma transmissão de um evento esportivo, quando a maior parte das mensagens chega ao telespectador mais receptivo, ao mesmo tempo que evita os intervalos comerciais e a provável troca de canal. Para os referidos autores, é mais fácil que o telespectador aceite a propaganda fora dos intervalos comerciais. Esse fato é bastante relevante se considerarmos, por exemplo, a exposição de uma marca que patrocina um time de futebol durante os 90 minutos dessa transmissão (Pozzi; Oliveira, 1996).

Nessa mesma linha de pensamento, Ukman, citada por Hiestand (1993), acredita que "patrocinadores podem fazer ou quebrar esportes. Por exemplo, eventos como os triatlos, corridas

> Citação traduzida por Minadeo (2013).

de bicicleta e polo não existiriam mais sem o dinheiro dos patrocinadores. Isso não significa que os fãs se sintam exatamente gratos".

Conforme Souza (2004), as verbas de marketing esportivo têm crescido aceleradamente. Um exemplo do crescimento de valores investidos em patrocínio é a marca Coca-Cola, que, de acordo com Minadeo (2013), é patrocinadora do futebol americano da National Football League (NFL) e gastou cerca de US$ 250 milhões em publicidade até o ano de 1997 (incluindo os anúncios de TV). Além disso, é uma empresa que tradicionalmente investe no esporte há várias décadas, sempre em busca de associar sua imagem ao bem, rejuvenescer a própria empresa e gerar mídia espontânea.

Um outro caso interessante é o da General Motors Company, que fechou um acordo bilionário com o Comitê Olímpico dos Estados Unidos e previu o ingresso de US$ 1 bilhão nos cofres da entidade entre os anos de 2002 e 2008. Já a Anheuser-Busch, patrocinadora do Comitê de Atlanta para os Jogos Olímpicos de 1996, despendeu US$ 40 milhões (Minadeo, 2013). Isso é mais que uma tendência, é um caminho quase que sem volta.

No Brasil, podemos destacar alguns exemplos de empresas que utilizam o esporte para alavancar suas marcas: Parmalat, Unicor, Kyocera, Tintas Renner, Lubrax, Umbro, Nike e Bombril-Cirius. No entanto, deve ficar muito claro que o marketing esportivo não faz milagres e tem seus limites.

Marketing esportivo

De acordo com a grande referência nesse setor, o professor Marco Bechara – especialista considerado por muitos estudiosos como um dos maiores nomes do marketing esportivo no Brasil –, em entrevista concedida ao *site* Gestão Esportiva, o marketing no esporte consiste em **ações de investimentos em mídia e parcerias feitas diretamente no esporte** que independem da modalidade, podendo, assim, partir da iniciativa privada ou mesmo da pública, além de visarem ao retorno de imagem e de mercado como consequência dos trabalhos de comunicação (Bechara, 2001).

O marketing no esporte pode ser considerado também como a utilização do esporte por organizações que objetivam lucro ou algum interesse específico, como veiculação de sua marca, nome ou logotipo. Ou seja, trata-se de uma prática destinada à veiculação da marca e à associação ao esporte; não se pauta pelo compromisso social e pretende conquistar maior participação na mente do consumidor e, consequentemente, no mercado.

Para entender melhor esse mercado, podemos destacar, então, algumas **formas de marketing no esporte**:

» patrocínio de eventos esportivos (campeonatos de *skate*, levantamento de peso etc.);
» apoio a eventos (parceria de restaurantes no campeonato);
» patrocínio de equipes e atletas;
» compra de espaço nas mídias que transmitem eventos esportivos (durante os eventos e nos intervalos).

Já ouviu falar do *Super Bowl*? Pesquise um pouco mais sobre esse evento e veja o volume financeiro envolvido no jogo da final desse campeonato. Não é à toa que é o espaço publicitário mais caro da televisão norte-americana.

Figura 2.1 – *Super Bowl* 2013

Créd to: Latinstock/Steven E. Sutton/Corbis

De acordo com Maestrini (2012),

> Por 30 segundos no ar, um anunciante paga uma média de US$ 3,5 milhões, cerca de R$ 6 milhões. Marcas como Honda, Budweiser e Volkswagen desembolsaram milhões comprando espaços publicitários. Parte dos 58 anúncios eram de veículos automotores, arrecadando um total de US$ 75 milhões, de acordo com a Bloomberg. [grifo do original]

Há investimento em mídias alternativas, como a compra de espaço nas roupas dos atletas e nos bonés dos jogadores (na próxima entrevista após um jogo do seu time do coração, observe a marca no boné do treinador).

Já percebeu como custa caro comprar uma camisa oficial do seu time? Isso se deve ao valor de **licenciamento** embutido no produto.

O marketing do segmento esportivo pode ser considerado um dos mais elaborados em virtude do constante processo de planejamento para a promoção de uma "marca-esporte". Esse tipo de marketing ocorre por meio da aplicação dos conhecimentos de administração e marketing e das três manifestações esportivas – **formação, participação** e *performance* –, proporcionando satisfação aos usuários e a todos os envolvidos na área esportiva.

Um bom exemplo de marketing esportivo é a utilização do esporte associado a demonstrações de sentimentos e sensações, como adrenalina, alegria, felicidade, realizações e conquistas, além da associação da emoção ao momento e, consequentemente, ao produto ou serviço.

Não se pode esquecer o papel fundamental dos ídolos do esporte que, nesse processo, são os verdadeiros grandes porta-vozes desse mercado. Veja o exemplo do futebolista Neymar Jr., ex-jogador do Santos Futebol Clube e atual jogador do Fútbol Club Barcelona: mesmo antes dos 20 anos de idade, ele já era considerado um grande ídolo de uma geração (no contexto esportivo e no *target* específico dessa área).

Sobre a Copa do Mundo da Fifa em 2014

O mercado esportivo de futebol brasileiro será extremamente beneficiado pelas novas construções e adequações de estádios para a realização da Copa do Mundo da Fifa em 2014 e por outros projetos paralelos ao evento.

Com os novos estádios e a consequente melhora nos ambientes de negócios do futebol brasileiro, ou seja, sua profissionalização, é possível fazer com que as receitas de bilheteria, ainda pequenas no Brasil – as quais, segundo uma análise séria e imparcial feita pela empresa de auditoria e consultoria Crowe Horwath RCS, atingiram R$ 250 milhões no ano de 2009 (Jimenez, 2010) –, cheguem a se converter em uma fonte financeira ampla, principalmente pelos exemplos de aumento nos quadros associativos dos clubes, como o Atlético Paranaense, de Curitiba, o Sport Club Internacional, de Porto Alegre, e inúmeros outros grandes clubes brasileiros.

Há ainda um evento conhecido na Europa como *Match Day*, algo como "Grande Dia do Jogo", cujas datas são exploradas de uma forma única, em jogos de futebol, beisebol e basquete. A ideia é ir além das receitas exclusivas com a venda de ingressos e lucrar com muitos outros recursos, como o consumo gerado em bares, restaurantes, lojas, camarotes, praças de alimentação e estacionamento. Essa tendência visa à profissionalização do esporte e dos envolvidos no processo.

Naming rights

Além do constante crescimento das receitas e da profissionalização do aspecto mercadológico nos clubes esportivos brasileiros, com a construção dos novos estádios é possível trazer para o nosso mercado uma tendência cada vez mais comum na área dos esportes nos Estados Unidos e na Europa: os contratos de *naming rights*, em que uma marca de produto ou serviços associa seu nome a uma arena esportiva por um contrato de longo prazo.

Esse tipo de contrato é uma receita estratégica para as novas arenas e também para aquelas já reformadas. Além de ser muito útil, não visa apenas à ampliação das receitas do estádio, mas também ao amplo auxílio do financiamento das obras.

Pela lógica, os melhores contratos de *naming rights* são assinados antes de as obras estarem concluídas, e isso é um fator especial e necessário ao sucesso do empreendimento para que a estratégia seja considerada vencedora. Nesse caso, o estádio nasce "batizado" com um único nome relacionado à marca, criando, assim, uma identidade mais definida.

Figura 2.2 – *Naming rights* no Brasil – Estádio Arena da Baixada

Crédito: Folhapress

> **Para refletir**
>
> Temos muitos estádios no Brasil, certo? No entanto, qual é a vantagem, por exemplo, para o São Paulo Futebol Clube em ter um estádio chamado *Estádio do Morumbi*, além da questão emocional? Financeiramente, existe algum ganho para o clube? E você, considera *Morumbi* um nome interessante porque é torcedor ou porque ele consta no jogo Banco Imobiliário? Seu conhecimento futebolístico é limitado? Imagine se todas as vezes em que foi citado o nome *Morumbi* fosse mencionado o nome *Coca-Cola Stadium*, por exemplo? Ou *Arena Coca-Cola, Arena Ipiranga, Arena HSBC, Arena Uninter*. Enfim, é disso que estamos falando, dessa tendência em associar marcas ao esporte, à emoção envolvida nessa atividade. O ganho é sempre bilateral, ou seja, tanto a marca quanto o clube conseguem atingir seus objetivos. Pense um pouco sobre isso e deixe sua opinião em nossa *fanpage*: <http://www.facebook.com/itrends>.

Em suma, entre os principais objetivos e vantagens das marcas/empresas patrocinadoras dos esportes que se utilizam das práticas do marketing esportivo, podemos destacar:

» **o fortalecimento da marca** – identificação com segmentos específicos do mercado);

» **o fortalecimento da imagem** – reforço da imagem corporativa;

» **o retorno de mídia espontânea** – por meio de outras mídias;

» o fator de agregação à marca – reconhecimento público, que confere credibilidade ao produto, associando-o à qualidade e à emoção do evento;
» a conquista de mercado – aceitação de produtos, serviços, ideias etc.;
» a comunicação eficaz – veiculação aos vários tipos de mídia para divulgação.

Mercado político e eleitoral

No contexto do mercado político, você já parou para pensar em quais são os principais fatores que influenciam a sua decisão na hora de escolher um candidato em uma eleição, qualquer que seja o cargo – vereador, prefeito, deputado, governador ou presidente? Até que ponto os políticos são semelhantes em suas características, discursos, projetos, qualidades e visibilidade perante o eleitorado? Com o maior acesso à informação, é prudente pensar no que de fato determina ou influencia o voto no momento de decisão.

Quando observamos a sujeira deixada nas ruas com os chamados "santinhos" jogados próximos às zonas eleitorais, sabemos que o correto é denunciar e coibir essa prática. No entanto, observamos um erro de processo nos dois lados, pois é proibido e condenável sujar as ruas, mas também há os eleitores que se encaixam no "voto da procrastinação", ou seja, deixam para a última hora a sua decisão e acabam por fomentar essa prática ilegal.

A maioria das decisões em uma campanha está relacionada a questões básicas de marketing que se assemelham a inúmeras situações vivenciadas no cotidiano das pessoas e na rotina de pequenas, médias e grandes empresas e organizações que usam a informação a seu favor na elaboração dos seus planejamentos estratégicos.

Em uma campanha eleitoral, assim como se faz em uma empresa que visa à venda de seus produtos, o objetivo do partido ou da coligação é que as pessoam votem em seus candidatos.

A visão de quem já esteve lá

Leia a seguir um trecho da entrevista que nos foi concedida pelo professor **Jorge Bernardi** (2013) especialmente para a produção deste livro.

> Jorge Bernardi foi vereador de Curitiba por 26 anos consecutivos e suplente de senador. Advogado, jornalista, professor universitário, mestre e especialista em Gestão Urbana e doutorando, é autor dos livros *A organização municipal* e *A política urbana e o processo legislativo brasileiro*.

Cada vez mais as campanhas eleitorais irão utilizar instrumentos de tecnologias da informação. As cidades estão se tornando digitais e as campanhas eleitorais seguirão o mesmo caminho. O principal ambiente das disputas eleitorais sairá das ruas e se concentrará no mundo virtual. A internet, que atualmente possui um papel tímido, dominará o marketing político eleitoral. Isso não significa o desaparecimento das reuniões com a participação dos candidatos. Da mesma maneira, a televisão, que atualmente domina as campanhas eleitorais, não acabou com o papel do rádio e dos jornais, que predominaram até a metade do século XX. Também a internet (redes sociais, blogs, chats, Twitter e outros aplicativos que ainda serão inventados) será a principal arena de disputa do voto, porém não a única. Muitos eleitores ainda vão buscar o contato pessoal com o candidato, principalmente nas eleições municipais. Creio que as visitas de candidatos e cabos eleitorais em casas e empresas vão continuar tendo uma grande importância e podem fazer a diferença na hora da contagem dos votos.

Estudo de caso

No artigo "A variedade no marketing político: das mídias tradicionais às mídias virtuais", Gonçalves Júnior e Ferreira Junior (2013) analisam a utilização dos princípios de marketing no contexto político brasileiro, desde as primeiras eleições diretas após a queda da ditadura militar. "Com o processo de redemocratização, os políticos passaram a buscar um melhor desempenho em suas campanhas, ressaltando-se as eleições para presidente da República em 1989 – caso Collor –, que teve importância e significado histórico por suas peculiaridades" (Gonçalves Júnior; Ferreira Junior, 2013, p. 2), tais como a utilização de recursos de computação gráfica, que, na década de 1990, foram um grande avanço; a criação de uma marca pessoal, nesse caso "caçador de marajás"; e o uso de *jingles* que se popularizam de forma rápida e eficiente.

Nesse mesmo artigo, são apresentadas as características do marketing político de um artista circense que se elegeu deputado, o Tiririca. Leia, a seguir, um trecho desse estudo. Para lê-lo na íntegra, acesse: <http://www.insite.pro.br/2013/junho/variedade_marketing_politico.pdf>.

O Estado de São Paulo teve, nas eleições de 2010, o candidato a deputado federal, Tiririca. Humorista de limitado poder econômico, conseguiu graças ao seu carisma e ao seu marketing, arrecadar R$ 594.000,00 [...], que foram destinados à sua campanha eleitoral.

Analisando-se este caso, percebemos que quando o humorista decidiu por uma cadeira legislativa, ele já havia construído sua imagem junto ao que se pode chamar de público alvo [sic]. Os anos de televisão, sempre como humorista, carismático e de perfil humilde, fez [sic] com que Tiririca viesse a ser o deputado federal mais votado no país, com nada menos que 1.353.820 [...] votos conquistados, o equivalente a 6,35% dos eleitores do Estado de São Paulo. Mas não foi somente pela captação de recursos que o marketing político [ocorreu].

Segundo o site Comunicação Empresarial, de 13/10/2010,

> *Para a gravação de seu primeiro programa de televisão no horário eleitoral gratuito, Tiririca compareceu ao estúdio vestindo terno e gravata, apresentando-se totalmente descaracterizado de seu estilo habitual nos programas humorísticos. Seu Marketeiro e também político, Valdemar Costa Neto, foi o principal responsável por Tiririca não prejudicar a própria campanha. Quando o candidato entrou no estúdio e Neto o viu vestido naquele terno, simplesmente olhou para ele e disse: você é o Tiririca, pode mudar de roupa e vestir-se de palhaço. Foi o faro daquele que desenvolve a função de Marketeiro definiu, assim, o sucesso de seu cliente.*

Situações como essa só reforçam a necessidade do marketing político no processo eleitoral contemporâneo. Pois de nada adianta o dinheiro, o carisma, a cultura ou o posicionamento social, se não houver o faro profissional para definir o que se fazer com tudo isso. O marketing político atualmente se faz tão necessário que, [...] [conforme Kuntz] (1986, p. 16), "O profissional de marketing político funciona numa campanha como um diretor de marketing numa organização empresarial. Tem de ter sempre a visão do cliente embora conheça a visão da agência".

No caso do candidato Tiririca, quase R$ 600.000,00, [sic] foram levantados como donativos de campanha, fruto de sua notoriedade e carisma. Mas o candidato que não possua essa mesma repercussão, não pode e nem deve desistir caso possua aspirações políticas.

A seguir, apresentamos outra visão sobre o mesmo caso, em texto escrito por Roney Domingos para o *site* G1.

"A vontade popular não pode tudo", afirma promotor sobre caso Tiririca

O promotor eleitoral Maurício Antonio Ribeiro Lopes admitiu, em entrevista ao **G1** na tarde desta segunda-feira (8), a possibilidade de pedir a absolvição do deputado federal eleito Francisco Everardo Oliveira Silva, mais conhecido como o palhaço Tiririca, caso fique demonstrado durante audiência que ele é alfabetizado, mas disse que vai insistir na apuração da veracidade do documento apresentado à Justiça antes do registro da candidatura para comprovar sua escolaridade. Procurado pela reportagem, o advogado de Tiririca, Ricardo

Vita Porto, afirmou que não comentará as declarações do promotor.

Eleito com 1,3 milhão de votos, Tiririca responde a uma ação penal que apura a veracidade da declaração de alfabetização entregue à Justiça Eleitoral. Uma prova técnica produzida pelo Instituto de Criminalística aponta discrepância de grafia no documento original.

O promotor afirma que não vê problema em desafiar a vontade popular ao questionar Tiririca. "Em primeiro lugar, a vontade popular não pode tudo, tem limites dentro do estado democrático. A campanha foi feita em cima do personagem, mas quem toma posse é o homem. Se tirar a fantasia dele, aposto que a população não sabe identificá-lo. A vontade popular foi manipulada durante a propaganda eleitoral, feita com desigualdade".

Em uma audiência cuja data é mantida em segredo pela Justiça Eleitoral, Tiririca pode ser submetido a uma coleta de prova diante do juiz. A Justiça pode determinar imediatamente a absolvição ou condenação do candidato – o que não impede sua diplomação, em 17 de dezembro, nem a possibilidade de recursos aos tribunais superiores.

Em entrevista ao **G1**, Lopes deixa claro que resolver a questão da escolaridade não reduz a importância da questão sobre a suposta fraude na declaração. "O MP pode pedir a absolvição se ele me convencer de que sabe ler e escrever", afirma. "Se ele souber ler e escrever, se o conteúdo (da declaração) for verdadeiro, não importa o aspecto formal. Mas independente da questão do conteúdo, eu tenho que analisar o documento em si", diz.

Segundo o promotor, Tiririca poderia ter se submetido à leitura de um documento, mas preferiu apresentar a declaração. Ele afirma que qualquer candidato é respaldado pelo art. 16, inciso IV, parágrafo 9º da Resolução nº 23.221 do Tribunal Superior Eleitoral (TSE), segundo a qual a ausência do comprovante de escolaridade poderá ser suprida por declaração de próprio punho, podendo a exigência de alfabetização do candidato ser aferida por outros meios, desde que individual e reservadamente.

"Como eu provo que a declaração é de próprio punho? Em um cartório de registro civil, diante de um tabelião. Ou com a declaração, com carimbo atrás, de um funcionário da Justiça Eleitoral que registra e dá fé. Nada disso foi feito. Eu acho que isso vale em uma relação privada. Isso valerá no ambiente do Poder Legislativo?"

Mesmo que seja diplomado, Tiririca pode ter de responder a um recurso contra expedição do diploma que pode ser movido pela Procuradoria Regional Eleitoral. O promotor remeteu documentos coletados durante a ação penal para subsidiar uma eventual ação do Ministério Público Federal.

Lopes lembra que a Constituição define no artigo 14, parágrafo 4, que os analfabetos são inelegíveis, mas lamenta que não haja lei federal definindo o que é analfabetismo. O promotor propõe como parâmetro para avaliar Tiririca um estudo da Secretaria Estadual da Educação de São Paulo que define o analfabeto funcional.

"Eu tenho uma visão do que seja uma pessoa alfabetizada. O estudo diz que o conceito que hoje vigora no Brasil para considerar-se que alguém é alfabetizado é o da alfabetização funcional, que está relacionada ao grau de leitura, escrita e interpretação em função do meio social em que vive a pessoa." Segundo o promotor, caso o candidato se recuse a fazer o exame, terá de arcar com as consequências.

Sobre a declaração do presidente Luiz Inácio Lula da Silva, segundo a qual "quem deveria fazer a prova é quem pediu para ele (Tiririca) fazer prova", Lopes diz: "Nós juízes e promotores fizemos os nossos exames e fomos aprovados".

O promotor afirma que o Ministério Público tem de cumprir sua obrigação, que é defender a Constituição. "Não tenho nada pessoal contra o candidato Tiririca. Eu agi porque houve uma denúncia da imprensa. Tivemos que agir por conta do conhecimento que veio a público e que tem de ser apurado com o maior rigor." Ele cita o artigo 172 da Constituição, segundo o qual cabe ao Ministério Público a defesa da ordem jurídica e do regime democrático.

Fonte: Domingos, 2010, grifos do original.

Com base nas visões apresentadas, cabe a você pensar, refletir e decidir em relação ao que é certo, errado ou questionável na candidatura política.

Para saber mais
FERREIRA JUNIOR, A. B. **Marketing político e eleitoral**: uma analogia entre o mundo corporativo e a política. Curitiba: InterSaberes, 2012.

Conheça mais sobre marketing político realizando a leitura dessa obra de autoria de Achiles Batista Ferreira Junior. Você pode, ainda, falar diretamente com o autor via Twitter (@achilesjunior).

Em cada pleito eleitoral, podemos observar novas regras sobre a propaganda autorizada para a realização das campanhas eleitorais, período em que os publicitários extrapolam suas ideias criativas. É nesse momento também que verificamos a genialidade e o profissionalismo destes.

Para refletir

A seguir, apresentamos um fragmento do artigo escrito pelo professor Eliseu Alves que pode ajudá-lo a refletir sobre esse assunto.

A censura como estratégia de marketing

O marketing revolucionou a forma com que se comercializam os produtos. Os marqueteiros fazem o casamento perfeito entre os maravilhosos produtos e as afortunadas pessoas que querem comprá-los. Na política e com os políticos podemos dizer a mesma coisa. Nós, profissionais de marketing, os treinamos para o debate, os fazemos carismáticos, "paz e amor", pode-se dizer que os tornamos vendáveis, ou melhor, consumíveis. Claro que existem bons políticos, nesses apenas ressaltamos seus atributos, nos outros criamos um personagem, um avatar. [...]

Afinal, os profissionais de marketing (nesse meio em que me incluo) só fazem o seu trabalho, quem aperta o "botãozinho" verde é o cidadão. É o cidadão que deve ter sua consciência, e nesse mérito entram os meios de comunicação que nos

> trazem os chamados *gates*, e olha que nesta eleição foram tantos. Acredito que, como eleitores, temos de amadurecer mais, esquecer as possíveis benesses individuais e pensar no bem coletivo.
>
> Quanto ao marketing político, ele ainda continuará exercendo o seu papel, elevando os benefícios dos candidatos e "photoshopando" suas falhas.
>
> Fonte: Adaptado de Alves, 2010.

Mercado religioso

Vamos falar um pouco sobre o mercado religioso e as tendências, os caminhos, as estratégias e os números que movimentam esse mercado em expansão e geram milhares de empregos e muitas demandas, sendo, em alguns casos, a fonte de renda de toda uma localidade. Como exemplo brasileiro, temos o caso da cidade de Aparecida do Norte, localizada em São Paulo, que recebe anualmente milhares de devotos. A cidade é internacionalmente conhecida por abrigar a maior igreja católica das Américas, o Santuário Nacional de Nossa Senhora da Conceição Aparecida, que guarda a imagem da santa encontrada por pescadores no Rio Paraíba do Sul, em 1717 (Dicas de..., 2013).

Para refletirmos sobre esse assunto, destacamos, entre vários exemplos, o caso da capa da revista *IstoÉ dinheiro* (2003) que retrata a imagem de Jesus Cristo segurando uma moeda. Essa edição com certeza foi uma das mais polêmicas no mercado editorial, obviamente por se tratar de um país majoritariamente cristão. Os idealizadores da revista, no entanto, quiseram chamar a atenção para as questões do mercado religioso como um todo.

Escolhemos essa imagem para exemplificar o mercado e gerar em você, leitor, uma maior reflexão sobre esse tema, considerado um tabu em nossa cultura.

Para que você possa visualizar a imagem em questão, vamos utilizar o *crossmedia*, ou seja, vamos usar as mídias *off-line* e *on-line*, levando-o do livro até a internet. Observe os seguintes passos: entre em um *site* de busca e clique em *Imagens*; em seguida, digite o texto: "capa revista istoé dinheiro indústria de jesus". Assim, você poderá ver exatamente o que estamos descrevendo.

Ao observar essa imagem de Jesus Cristo com uma moeda na mão, possivelmente você ficará incomodado, e talvez seja justamente essa a intenção: polemizar, criar certo desconforto, quase um incômodo, tirar o leitor da chamada *zona de conforto* e, enfim, gerar a mídia espontânea, de modo que se fale desse assunto de forma positiva ou negativa, causando o *buzz marketing*. Isso, prezado leitor, é um exemplo da tendência de se criar um produto em cima de temas mais polêmicos, como religião, política e outros assuntos que tenham apelo popular.

Ressaltamos que esse é um mercado que merece a devida atenção, mas com um olhar isento, ou seja, independentemente de sua crença, você pode estudá-lo com olhos de profissional de marketing.

O conceito, idealizado no início da década de 1990, envolve a publicidade em seus múltiplos meios. Podemos também identificar essa prática como a distribuição de produtos, marcas, serviços e até mesmo experiências por meio das mais variadas mídias existentes, cruzando-se, assim, o mundo digital com o mundo *off-line*.

O termo *buzz* significa "zumbido", "zunido" ou "burburinho". É uma palavra originária de língua inglesa. Já a expressão *buzz marketing*, em seu conceito de mercado, significa o fato de os consumidores gostarem de um produto/serviço e, assim, comentarem sobre isso com outras pessoas de seu círculo pessoal e profissional, muitas vezes pelas redes sociais.

Figura 2.3 – Cerimônia católica (casamento)

Crédito: Fotolia

> Pense em um mercado que movimenta milhões por mês e faz a economia girar, gerando empregos para os mais variados segmentos. A Figura 2.3 ilustra um exemplo de cerimônia que é uma das principais fontes financeiras desse mercado.

Nosso objetivo, nesta obra, não é discutir doutrinas, por isso contamos com seu bom senso em relação ao assunto. Não podemos, entretanto, deixar de destacar alguns exemplos e criar uma analogia entre os dois mundos: o de produtos/serviços tradicionais e o de produtos/serviços religiosos.

Veja a seguir alguns números desse mercado em constante crescimento.

Os lucros dos negócios da fé: números de um segmento que não para de crescer

100 milhões de reais é o valor que a música gospel rende às gravadoras.
14% dos CDs vendidos no Brasil são de cantores ou grupos religiosos.
139 milhões de reais é quanto faturou o mercado literário cristão.
8 milhões de bíblias foram comercializadas em 2002. O país exporta o livro sagrado para 30 países.
100 mil exemplares por mês será a tiragem do gibi do Smilinguido.

Fonte: Adaptado de Ferreira, 2003.

Você percebe que há mais católicos indo para a Igreja Evangélica ou o contrário? Antes de começar a questionar o motivo de esse tema ser abordado, acesse o *site* do Instituto Brasileiro de Marketing Católico (IBMC, 2013), o qual presta serviços e acompanha a evolução do mercado religioso.

Destaques

De acordo com uma pesquisa realizada pela Fundação Getulio Vargas (FGV), citada por Linhares (2008), cerca de 30% dos evangélicos estão nas classes C e D, em que a teologia da ascensão material encontra terreno propício, e em média 80% dos católicos que se dizem não praticantes são visados pela Igreja Evangélica. Isso significa que temos um mercado em potencial a ser explorado do ponto de vista mercadológico, visto que a maioria dos convertidos vem do catolicismo ou de outras doutrinas.

Nessa analogia com o mercado tradicional de produtos e serviços, podemos identificar uma estratégia de análise da concorrência. Observe a Figura 2.4 a seguir.

Segundo o *site* oficial do Smilinguido (http://www.smilinguido.com.br), o personagem foi criado, na década de 1980, por Márcia D'Haese, que desenhava uma formiguinha para ilustrar seus cadernos. Havia também um jovem com talento para escrever, Carlos Tadeu, e muitos outros que se dispuseram a ajudar na criação das primeiras histórias. A primeira ideia de nome para a formiguinha foi Zecão, mas logo o grupo achou esse nome muito pesado para um ser tão pequeno e frágil – sugeriram, então, o nome *Smilinguido*.

Figura 2.4 – O mercado religioso e suas principais tendências

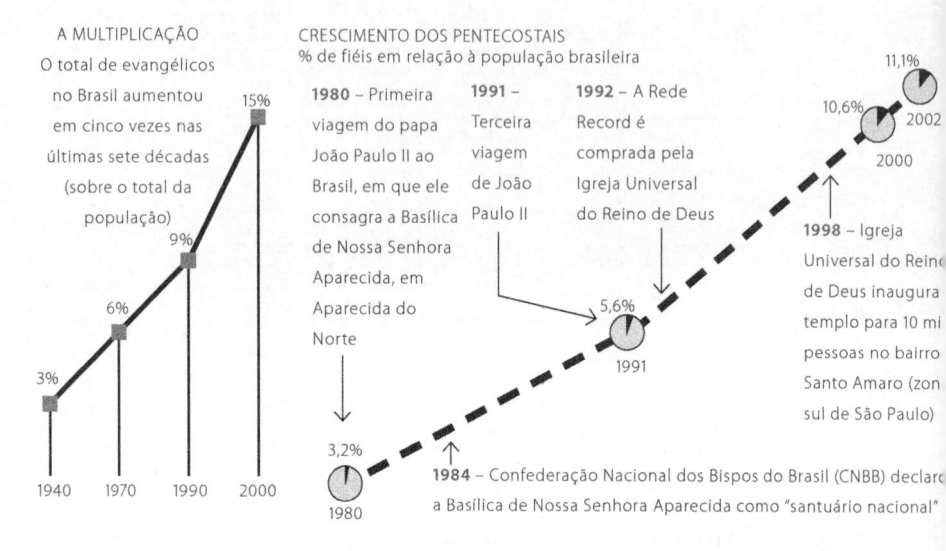

A MULTIPLICAÇÃO
O total de evangélicos no Brasil aumentou em cinco vezes nas últimas sete décadas (sobre o total da população)

3% (1940) — 6% (1970) — 9% (1990) — 15% (2000)

CRESCIMENTO DOS PENTECOSTAIS
% de fiéis em relação à população brasileira

3,2% (1980) — 5,6% (1991) — 10,6% (2000) — 11,1% (2002)

1980 – Primeira viagem do papa João Paulo II ao Brasil, em que ele consagra a Basílica de Nossa Senhora Aparecida, em Aparecida do Norte

1984 – Confederação Nacional dos Bispos do Brasil (CNBB) declara a Basílica de Nossa Senhora Aparecida como "santuário nacional"

1991 – Terceira viagem de João Paulo II

1992 – A Rede Record é comprada pela Igreja Universal do Reino de Deus

1998 – Igreja Universal do Reino de Deus inaugura templo para 10 mi pessoas no bairro Santo Amaro (zon sul de São Paulo)

Fonte: Adaptado de Linhares, 2008.

Com o objetivo de atingir o mercado consumidor religioso, observamos um crescente aumento de:

» gravadoras especializadas no mercado gospel;
» agências de turismo;
» confecções de roupas especializadas;
» marcas de instrumentos musicais;
» emissoras de TV;
» programas de rádio;
» editoras de livros religiosos;
» administração de igrejas;
» qualidade na gestão de igrejas.

Realize uma breve pesquisa no Youtube e veja a quantidade de vídeos e materiais relacionados ao marketing religioso.

Verifique, após uma análise pessoal, se os apontamentos aqui citados se comprovam ou não. Essa visibilidade nada mais é do que o produto do uso de ferramentas mercadológicas para a modernização de um mercado antigo, agora cada vez mais alinhado às reais necessidades de seu público.

> Vamos nos livrar de todos os preconceitos existentes e discutir esse mercado e algumas de suas tendências?

Mais uma vez, lembramos que, se você ainda não está convencido ou acha que esse assunto não deve ser debatido, respeitamos sua opinião, mas vale uma breve procura no Youtube a alguns vídeos de cantores do segmento gospel que se apresentam na mídia de maneira adequada ao seu segmento-alvo, com foco principal na sua doutrina. O uso das mídias, tais como rádios, revistas, jornais e canais de TV, a serviço da divulgação da religião tem o simples objetivo de fazer proliferar uma determinada mensagem e, com isso, movimenta a economia com seus produtos.

Figura 2.5 – Exemplos de produtos religiosos

Para saber mais

ALINE Barros no Programa Eliana – 22/05/2011 (Completo). Disponível em: <http://www.youtube.com/watch?v=Z_nxYZ0Fhfg>. Acesso em: 20 fev. 2013.

Nesse vídeo, você encontra uma entrevista com a cantora Aline Barrros, ícone gospel. Trata-se de uma visão bem interessante sobre esse mercado fantástico que movimenta milhões de pessoas. Isso é muito bom, pois, ao movimentar a economia, riquezas e empregos são gerados, concorda?

Outro destaque é a Renovação Carismática Católica do Brasil (RCC Brasil). Esse movimento se iniciou por volta da década de 1970, na cidade de Campinas, São Paulo, por meio dos padres Haroldo Joseph Rahm e Eduardo Dougherty e espalhou-se rapidamente por alguns estados do Brasil, com retiros e grupos de oração. A partir dos anos de 1980, a RCC Brasil consolidou-se institucionalmente, propagando-se por todo o território nacional e ocupando um espaço significativo na mídia, por meio de notícias e da comunicação social.

Para saber mais

SOUZA, A. R. de. **Igreja In Concert**: padres cantores, mídia e marketing. São Paulo: Annablume/Fapesp, 2005.

Uma ótima dica de leitura específica sobre as principais tendências nesse mercado é o livro *Igreja In Concert: padres cantores, mídia e marketing*, de André Ricardo de Souza.

A RCC é um dos segmentos da Igreja Católica que têm apresentado enorme sucesso entre os fiéis (e também financeiramente) e é reconhecida por essa instituição como trunfo para reavivar o catolicismo no Brasil, utilizando-se de meios como a televisão, o rádio, os jornais, os núcleos e as sedes e a internet.

Vamos pensar no seguinte: se a RCC Brasil é um segmento da Igreja Católica, uma fatia, parte de um todo, portanto, no entendimento mercadológico, isso equivale ao processo de segmentação de mercado – nesse caso, o religioso.

Quando se trata de segmentação de mercado, é correto observar que, dentro da Igreja Católica, por exemplo, as paróquias acabam sendo instaladas no interior dos bairros com localização privilegiada em relação ao centro da cidade.

> Você conhece alguma cidade que não tenha crescido em volta da sua igreja matriz – ou então que não tenha uma igreja matriz?

A construção de grandes catedrais tem dois objetivos: **visibilidade** e **adesão em massa**. A Igreja Universal, por exemplo, concentra-se nas vias principais das cidades. Já os templos da Igreja Assembleia de Deus encontram-se nas vias principais e, de maneira significativa, no interior dos bairros e em comunidades mais carentes. Os pequenos templos dessa igreja e os da Igreja Deus é Amor têm uma estrutura interna organizada com base em redes familiares. Enfim, cada igreja procura se estabelecer com certos padrões em relação à sua organização. Isso é pensamento estratégico – a modernidade a serviço de igrejas e templos. Vale a pena adequar as ferramentas mercadológicas a fim de satisfazer ainda mais as necessidades dos fiéis, cada qual com seu dogma.

Vaticano lança calendário com jovens padres

Em uma publicação amplamente divulgada na internet, uma notícia que chamou a atenção comprova a teoria de que são necessárias técnicas para o rejuvenescimento da imagem – inclusive das doutrinas – das igrejas e das crenças: o Vaticano surpreendeu e lançou um calendário com jovens padres, chamado de *Calendário Romano*.

Figura 2.6 – Exemplo de foto do Calendário Romano

Crédito: Piero Pazzi

Mas, antes que você comece a se indignar, considerando esse assunto um tabu, e também para quem pensa que se trata de uma novidade, esse tipo de marketing já é uma certa tradição dentro da doutrina em questão. De acordo com a matéria, as primeiras fotos foram publicadas em 2003. No entanto, a Igreja avisa que o objetivo é levar informações sobre a Santa Sé para a população, ou seja, propagar a mensagem (lembra-se do conceito de *propaganda*?).

Com certeza, as opiniões ainda são as mais diversas: alguns segmentos condenam a atitude do Vaticano, enquanto outros acham que as fotos realmente "não são nada de mais". A ideia é que você adquira informação e reflita criticamente em relação a isso tudo, ou seja, procuramos estimular todos a saírem da zona de conforto e buscarem inovação sobre algumas tendências mercadológicas. Afinal, você trabalharia como consultor nesse segmento?

Fonte: Elaborado com base em Vaticano..., 2008.

De acordo com o que já foi questionado nesta seção, o que você considera viável? Até que ponto a comunicação pode ser usada nesse segmento?

Respeitosamente, esta obra tem o objetivo de instruir e discutir algumas informações, a fim de que você tenha uma visão mais aprofundada sobre o assunto.

Vale ressaltar que a tendência de mercado é esta: mostrar que o tempo em que as pessoas não discutiam ou questionavam algo ficou para trás. Em tempos de evolução no acesso à informação, reforçamos a necessidade de conversar mais sobre temas considerados intocáveis, como **religião** e **política**. Não se trata de discutir crenças ou doutrinas, mas de demonstrar alguns casos e exemplos de tendências, modernização e profissionalização desses mercados.

Mercado de moda

A moda é um mercado extremamente importante, considerado um fenômeno econômico, sendo um grande gerador de renda e empregador, visto que necessita de fornecimento de outras empresas para produzir. Segundo dados da Associação Brasileira da

Indústria Têxtil e de Confecção (Abit), citada por Borges (2013), o mercado de moda teve em 2010 um faturamento aproximado de US$ 60 bilhões, gerando mais de 1,7 milhão de empregos diretos em nosso país.

Com esses números em mãos, podemos verificar que o Brasil é um dos países que mais exportam produtos referentes à moda, além de ser um grande consumidor desse mercado. Podemos citar a China, país também exportador, como maior concorrente do Brasil no mercado da moda.

Quando falamos em moda, devemos entender os tipos de produtos que existem nesse segmento, os quais podem ser separados em três categorias.

1. **Alta costura**: São produtos que também podem ser chamados de *sob encomenda* ou *sob medida*. Geralmente são caracterizados por roupas para ocasiões especiais, como festas, aniversários, casamentos e prêmios, além de terem um custo elevado em razão dos tecidos, da mão de obra e da exclusividade.
2. ***Prêt-à-porter***: São produtos que estão prontos para usar, conhecidos também como *ready-to-wear*. Nesse caso, a produção não é exclusiva, sendo realizada em escala maior. Marcas como Ralph Lauren e Marc Jacobs são exemplos desse conceito.
3. **Mercado de massa**: São produtos fabricados em grande escala para atender toda a população. De modo geral, o preço é menor que o do conceito anterior, pelo fato de a produção ser ainda maior e também a marca não ser tão "desejada" pelo consumidor. Marcas como C&A e Renner exemplificam esse conceito.

Figura 2.7 – Exemplo de vestido de alta costura

Crédito: Fotolia

O mercado da moda é mutante. Ele se transforma, evolui, muda a todo instante ou a cada nova coleção lançada. É um mercado em que o ciclo de vida do produto é acelerado, as tendências vão e vêm a cada ano e todas as marcas necessitam criar, adaptar e vender em uma velocidade mágica.

Entender o consumidor de moda é algo ainda mais complexo, pois existem diferentes fatores relevantes para a empresa que atua nesse mercado (seja uma grande marca, seja uma pequena confecção), que são:

» a **situação** de compra;
» o **valor** que o consumidor deseja pagar;
» **o que** o consumidor deseja usar;
» **quando** o consumidor deseja usar;
» a **influência** ou não da marca.

Segundo Giglio (2010, p. 51), "o consumo de moda e o consumo de esportes parecem tão intimamente ligados à influência de grupos que fica difícil utilizar qualquer outra argumentação". Isso é verdade. Perceba como o mercado de moda é influenciado por grupos, cada um com determinado estilo. **Moda é considerada estilo, expectativa e sentimento.**

A moda está em tudo, nos comerciais da TV, nas revistas e nos filmes. Um seriado (que depois deu origem a um filme) que sempre lançava moda era o *Sex and the City*, o qual mostrava figurinos excêntricos e ditava um estilo de vida. Perceba que, para entender os diversos estilos de vida, é necessário entender os **consumidores** e as **tendências**.

De acordo com Caballero e Casco (2006, p. 101, tradução nossa), "as empresas que atuam no mercado da moda devem entender as tendências e transformá-las em produtos que satisfaçam as necessidades e os desejos, muitas vezes inconscientes, dos consumidores".

A marca espanhola Zara é um exemplo de empresa que está sempre "de olho" nas principais tendências, sejam da estação (cores, tecidos, cortes e modelos), sejam de consumo (o que o consumidor busca, o que está vendendo).

A Zara, que faz parte do Grupo Inditex, teve sua origem em La Coruña, em 1975. É uma empresa nova se comparada a outras marcas de moda e é a única empresa do mundo que está integrada verticalmente, ou seja, ela realiza o desenho de seus produtos (*design* e criação) e gerencia a sua gestão de vendas, lojas próprias e logística exclusiva.

A Zara também repõe mercadorias em suas lojas em todo o mundo em uma periodicidade de duas vezes por semana, enquanto as marcas concorrentes realizam essa reposição em um período quinzenal.

Figura 2.8 – Centro de logística da Zara em Madrid, Espanha

Crédito: Grupo Inditex

Além de contar com uma estrutura inovadora, a Zara vai mais longe: "o Grupo Inditex rompe outros moldes da economia do mercado de moda: não investe em publicidade", afirma Blanco (2008, p. 78). Então você não encontrará comerciais da marca Zara na TV, o que é bastante diferente do que as outras marcas do mercado da moda fazem.

Podemos compreender o mercado da moda como um **mercado de conceitos** que traduz estilos e arte. Todos nós somos consumidores de moda.

O consumidor de moda é puramente emocional e visual e faz com que determinada peça adquirida faça parte de sua identidade. Para Caballero e Casco (2006, p. 59, tradução nossa), "estamos na era do 'ego-consumo' e, frente à globalização da oferta, aumenta o valor de único e especial". A moda cria o desejo de traduzir a essência e a identidade do consumidor e, consequentemente, a ideia de que ele possa fazer parte de determinado grupo.

Para você entender profundamente os aspectos que envolvem a marca, o consumidor e as tendências do mercado da moda, destacamos alguns critérios que devem ser prévia e cuidadosamente analisados.

Quadro 2.1 – Critérios para análise do consumidor de moda e das tendências de consumo

Critérios do consumidor	Questionamento estratégico
Fidelidade x marca	A marca está estrategicamente posicionada? Como o consumidor enxerga esse posicionamento? Existe um trabalho de fidelizar o consumidor dessa marca?
Processo de compra	Como é o processo de decisão de compra? Quem compra? Quem é o usuário?
Local de compra	Em qual lugar o consumidor prefere comprar? *Shopping? E-commerce?*
Momento da compra	Em qual momento o cliente realiza a compra desse produto? É frequente? Raro? Situacional?
Intensidade de uso	Qual é a intensidade de uso do produto adquirido?
Investimento	Quanto o consumidor está realmente disposto a pagar pelo produto? Qual é o valor médio de compra?
Benefícios buscados	Quais são os benefícios que o consumidor procura no momento de adquirir o produto? Qualidade? Marca? Preço? Durabilidade?

Analisando as tendências do mercado da moda, podemos notar o crescimento de marcas que criam outros produtos ou serviços para um mesmo consumidor, muitas vezes em parceria com outras empresas. Mas como?

> Uma empresa de moda já devidamente posicionada, mas que analisa seu público-alvo e sua estratégia de *branding*, investe em outros produtos ou serviços que não sejam necessariamente de moda e realiza parceria com uma empresa desse novo segmento no qual deseja atuar.

Um exemplo claro é a marca Armani, que possui um hotel em Dubai, e também a Versace, que realizou um acordo com a Tag Group (especialista em jatinhos particulares) para criar o *design* interior dos aviões da companhia.

Figura 2.9 – Hotel Armani (em Dubai)

Crédito: Karim Sahib/AFP/Getty Images

Como principais características de tendências para o mercado da moda, selecionamos as seguintes:

» **Vendas**: É preciso refletir sobre **o que** e **como** se vai vender. As marcas, os vendedores, os gerentes, os estilistas e os demais membros da equipe devem analisar e entender o que impulsiona as vendas. É uma promoção bem definida? É uma campanha de comunicação bem posicionada nas mídias exatas e de acordo com o consumidor? É a construção de um relacionamento?

» **Inovação**: É o fator-chave para o sucesso no mercado da moda. A inovação em tecidos, na produção, na entrega, na criação de uma vitrine e até mesmo no ponto de venda (como foi o caso da loja conceito da marca Adidas) deve estar atrelada à proposta da empresa. Não existe moda sem inovação, então deve ser incluído um plano de inovação para a empresa. A inovação pode ser implementada tanto em grandes empresas de moda como em uma pequena confecção local.

» **Redes sociais**: O uso criativo e inteligente de redes sociais, como o Facebook® e o Pinterest, deve fazer parte da comunicação da marca. Além de interagirem com o consumidor, essas redes apresentam um alto impacto e apelo visual.

» **Pesquisa**: É necessário investir em pesquisa constante para entender as mudanças, necessidades e desejos do consumidor de moda. Muitas empresas de moda buscam inspirações em outros países para criar e lançar suas coleções no Brasil. É um costume básico das empresas saber o que acontece "lá fora". É importante, também, ouvir, entender e sentir o consumidor brasileiro que realmente gosta da marca, que a compra e usa. A pesquisa realizada em outros países direciona, mas entender o consumidor final e adaptar a pesquisa à realidade brasileira é o que deve ser feito. Criar o hábito de sempre entender o consumidor deve fazer parte da empresa de moda.

» **Parceiros e projetos**: Realizar um projeto, a criação de uma peça "edição limitada" ou até mesmo uma promoção são estratégias e tendências bem-sucedidas para marcas que desejam inovar e comunicar. Um exemplo de estratégia interessante para ilustrar essa tendência é o caso do estilista Alexandre Herchcovitch, que fechou parceria com a Grendene para lançar uma linha de sandálias exclusivas Melissa. A Grendene ficou responsável pela matéria-prima, pela mão de obra, pela tecnologia e pela distribuição, enquanto Herchcovitch assinou o *design* de toda a coleção.

Atuar no mercado da moda é atuar com emoção. A inovação acontece a cada momento e, nesse mesmo instante, nascem novos estilos de vida e novas "tribos". Queluz (2010, p. 23) afirma que "novos estilos de vida, a partir de novos hábitos, demandam o desenvolvimento de estratégias e alternativas de criação, planejamento, produção e circulação de artefatos e sua inserção em contextos de uso e estilos de vida". Nesse mercado, a razão é completamente colocada "de lado", deixando espaço para a cor, a arte e o estilo de vida.

Uma pequena confecção ou uma grande indústria de tecidos. Não importa. A palavra-chave é **inovar** sem medo!

Mercado jurídico

A movimentação e a mudança de consumo e tendências também impactam uma das áreas mais tradicionais: a jurídica. Movimentações, inclusive econômicas, afetam diretamente essa área, a qual é uma das que mais se desenvolvem em nosso país. Basta analisarmos os dados: segundo a Ordem dos Advogados do Brasil (OAB), citada pela Folha de S. Paulo (2013), o país tem mais de 750 mil advogados inscritos, com uma média de um advogado para cada 256 moradores. Com base nisso, temos outra vertente extremamente importante para esse mercado, que é a crescente busca por faculdades que ofertam cursos de Direito.

> De acordo com o *site* do *Guia do Estudante* (2010), é possível afirmar que o Brasil tem mais cursos de Direito do que todos os outros países do mundo juntos!

O mercado jurídico está em crescimento, mas não há espaço para todos advogarem, até mesmo porque muitos candidatos não são aprovados na avaliação da OAB. Contudo, há espaço para atuar na administração legal e na gestão estratégica de escritórios jurídicos; com isso, muitos universitários se graduam e buscam aperfeiçoamento e oportunidades nessa área.

Segundo Selem (2008, p. 15), advogada e sócia-fundadora da Selem, Bertozzi & Consultores Associados, "no caso específico do mercado de prestação de serviços brasileiro, um crescimento significativo e sem precedentes foi sentido nos últimos 10 anos". Estamos em um país em que a procura e a oferta para a formação de jovens advogados crescem significativamente a cada ano. Por outro lado, temos um sistema judiciário ainda lento para satisfazer as necessidades e demandas desse segmento.

O efeito multiplicador dos profissionais e o rápido e fácil acesso à tecnologia e à inovação fazem também com que os escritórios jurídicos diferenciem-se, não tendo somente atuação regional, mas nacional. De fato, com a competição entre escritórios, essa ação profissional torna-se cada vez mais acirrada, ocorrendo facilmente a quebra de barreiras geográficas como diferencial do escritório.

Ao optarem pela área jurídica como profissão, os jovens advogados pensam em concursos como forma de realização profissional e busca pela estabilidade financeira. Esse cenário é tradicional na área do direito, porém há outras oportunidades. Quem pensa que essa área diz respeito somente às leis se engana, pois ela oferece um grande leque de opções.

Para termos uma ideia, nos Estados Unidos, um país com escritórios de advocacia gigantes e de grande importância – muitos reproduzidos até mesmo em seriados de TV, como o *The Good Wife* –, podemos notar uma tendência significativa que ocorreu em uma época de crise e que pode acontecer também no Brasil: grandes escritórios realizaram fusões com outros grandes escritórios, e pequenos escritórios se especializaram em uma determinada área. Ou seja, restaram poucos escritórios medianos.

Para pensarmos ainda mais sobre o assunto, temos de considerar que a quebra da barreira geográfica também pode ocorrer dos países estrangeiros para o Brasil, tornando ainda mais acirrada a competição entre as bancas de advogados.

Diante desse cenário crescente e surpreendente, destacamos como tendência principal a **administração legal** como ferramenta estratégica para os escritórios de advocacia.

> Mas o que é a administração legal?
>
> A administração legal é ampla e composta pelo conjunto de áreas estratégicas que integram a rotina de um escritório de advocacia. É, sem dúvida, por meio da administração legal e do completo domínio de cada ferramenta utilizada que se amplia a vantagem competitiva da banca.

Este é um momento de transição, em que a advocacia conservadora passa a ser inovadora e competitiva. A administração legal surge para alavancar maiores *expertises* nas bancas. O advogado de sucesso não deve somente entender do conjunto de leis e das diversas áreas do direito, mas saber gerenciar, de forma eficaz e estratégica, o escritório no qual atua.

As principais áreas que contemplam a administração legal são: gestão de pessoas (nessa área, inclui-se o plano de cargos e salários para advogados); estratégia; finanças; marketing jurídico; tecnologia da informação (TI); gestão de serviços; processos; qualidade.

O novo profissional de direito deve compreender todos os cenários que impactam seu ambiente, como o político, o social e o econômico. Ele deve ter visão holística, entender a necessidade de seu cliente (pessoa física ou jurídica), otimizar processos e ter habilidades de negociação e de relacionamento interpessoal. Isso porque o profissional deve estar preparado e atento a toda e qualquer mudança de mercado que afetará direta ou indiretamente o seu escritório. A busca por cursos, palestras, *workshops* e todo tipo de aperfeiçoamento é essencial.

Diante da competitividade, o escritório não só pode como deve desenvolver novas estratégias, realizando, assim, **marketing jurídico**.

Em sua obra *Estratégia na advocacia*, Selem (2008, p. 32) afirma:

> *Atualmente, as estratégias estão diretamente relacionadas às ações das organizações frente ao mercado, e quando se fala em estratégias planejadas, tem-se em mente uma série de ações que, quando bem aplicadas, poderão contribuir para o êxito das empresas na guerra chamada "concorrência", onde, para se manter "vivo", é preciso conquistar novos segmentos de mercado.*

Mesmo com a demanda crescente por cursos de Direito, o ensino na área ainda é defasado diante das novas oportunidades que carecem de profissionais especializados nos campos citados anteriormente, pois as instituições de ensino ainda não estão devidamente preparadas para formar profissionais para esses novos segmentos de mercado.

É interessante analisarmos que, por mais que no Brasil existam mais de 1.500 faculdades que ofereçam o curso de Direito – enquanto nos Estados Unidos o número de faculdades não ultrapassa os 300 –, existe falta de qualificação profissional nesses

> Podemos definir *marketing jurídico* como o conjunto de estratégias e ações que fortalecem a imagem do escritório no mercado, gerando valor e confiança para o cliente. Essas estratégias estão diretamente ligadas às pessoas, aos relacionamentos e aos resultados do escritório.

novos segmentos e, também, profissionais capacitados para atuar com administração legal dentro dos escritórios.

Nesse contexto, verificamos que existem poucos escritórios que utilizam e aplicam essa prática corretamente ou que realmente desenvolvem marketing jurídico.

> Não podemos confundir marketing jurídico com propaganda, uma vez que esta é uma ferramenta do marketing. No âmbito jurídico, a propaganda na advocacia é puramente informativa, tendo por objetivo levar ao conhecimento do público em geral – ou da clientela, em particular – objetivos, dados e informações sobre a atividade realizada pelo advogado ou pela sociedade de advogados, de acordo com os arts. 1º e 2º do Provimento OAB nº 94, de 5 de setembro de 2000 (OAB, 2000), e o art. 28 do Código de Ética e Disciplina, de 13 de fevereiro de 1995 (OAB, 1995).

Desse modo, comerciais, anúncios, promoções e propagandas de advogados são vetados e punidos pela OAB, uma vez que a propaganda deve ser informativa e não comercial. Entretanto, aplicar o marketing jurídico no escritório é indispensável nos dias atuais. Acerca disso, Bertozzi (2008) traz uma importante orientação:

> *O Marketing Jurídico moderno atua também na área financeira, na maneira do conhecimento circular entre os advogados e estagiários e, principalmente, como ele deve chegar ao mercado de maneira ética. Criatividade e inovação devem estar no mesmo patamar que*

o trabalho burocrático. A energia da banca pode sim, ser orientada por bons profissionais de outras áreas.

Com a carência de advogados com *expertise* em administração legal, existe a possibilidade de profissionais das áreas de administração e marketing atuarem em escritórios de advocacia. O marketing jurídico pode ser aplicado a pequenos e novos escritórios, agregando, assim, maior valor para essas bancas.

Como em toda estratégia de marketing, no marketing jurídico também se deve atentar para a necessidade de planejamento pleno das ações, pesquisa e análise de público, criação de metas, posicionamento no mercado, além de se trabalhar o *branding* jurídico.

Agora que você já conhece um pouco mais sobre o universo jurídico, pense na banca como uma empresa que tem clientes que estão cada vez mais exigentes e com fácil acesso à informação. É necessário identificar a forma mais completa de dar qualidade aos serviços e tangibilizar os resultados. Uma banca que sempre busca excelência, inovação, flexibilidade, qualidade, relacionamento e rapidez estará sempre à frente da concorrência.

Para refletir

A seguir, disponibilizamos dois textos que auxiliarão você na compreensão do tema discutido. O primeiro, escrito pelo advogado Valter Fernandes Carretas, sócio-diretor da Carretas Advogados Associados, apresenta tendências referentes ao mundo jurídico. O segundo texto é de autoria da advogada e consultora em serviços jurídicos Lara Selem e do administrador especializado em escritórios de advogacia Rodrigo Bertozzi. Ambos são sócios da Selem, Bertozzi e Consultores Associados e autores de diversos livros.

Tendências do direito e a advocacia moderna

A presente explanação tem como objetivo mostrar tendências e comportamentos inseridos no mundo jurídico no que tange ao exercício da advocacia, abrangendo advogados individualmente, escritórios de advocacia e bancas de advogados.

As indicações versam sobre comportamentos, posturas, relacionamentos e envolvimentos do ator jurídico com mercados novos e específicos regulamentados e a relação com o Poder Público. Adiciona-se a tudo isso o controle e garantia de acesso às informações oficiais, instrumentalizadas por meio de ferramentas e mecanismos próprios do ordenamento jurídico existente. Há também a qualificação dos serviços jurídicos por meio do manejo adequado das informações em benefício dos trabalhos realizados pelos escritórios de advocacia, os quais apresentam resultados gerados para os clientes.

Outra indispensável observação sobre tendências é a democracia participativa, na qual o advogado centraliza-se como condutor dos clientes ao processo de participação nas decisões do Poder Público. Empresas, profissionais e o trabalho; é preciso definitivamente entender que a ordem atual é a inovação, as mudanças contínuas, o processo de desenvolvimento permanente, o autoconhecimento, a geração de conteúdo e a gestão da informação.

Servir seu público-alvo deverá ser sua estabilidade no mercado. Sua segurança reside na consciência de que estará preparado para solucionar problemas previsíveis e imprevisíveis dos seus clientes, antecipando-se aos fatos e interagindo como parte de uma cadeia em que a sua responsabilidade é comprometer-se a assumir a fatia do desenvolvimento de determinado setor por meio dos instrumentos jurídicos disponíveis e aplicá-los devidamente para satisfazer os anseios de quem o contrata.

A advocacia atual deve assumir um comportamento de compromisso com a área na qual se diz especialista. Portanto, não basta aula de aperfeiçoamento ou curso de especialização, sua postura deve ser de envolvimento total. O *networking* (relacionamento), que ainda é o meio de chegada mais eficiente e moderno no que se refere ao público-alvo, terá de adicionar em sua lógica o envolvimento. Essa modalidade acresce significativamente o sucesso da advocacia, pois não se limita a manter um elo de confiança e reciprocidade com o cliente. Em verdade, o cliente deixa de ser o centro, sem perder sua importância, e passa a ser o beneficiário dos propósitos da advocacia.

O envolvimento é o diferencial de uma nova modalidade de relacionamento que significa dizer que o advogado ou o escritório de advocacia preocupa-se efetivamente em não só fazer parte, mas ser parte integrante da área em que atua, fazendo o entrelaçamento de interesses mútuos com determinado setor ou segmento, compondo um âmbito jurídico próprio a ser desenvolvido, não para casos esporádicos, e sim para a consecução de um estudo de direito completo e determinante para os membros atuantes daquela área no Judiciário e na Administração Pública em geral. É fazer com que a atuação da advocacia projete um direito próprio para aquele setor, conformando decisões e delineando certo grau de autonomia ao direcionar condutas dentro da sociedade.

Trata-se de uma estruturação jurídica dentro da área na qual a advocacia irá comprometer-se. É a verdadeira construção do direito para determinada área. Dando-lhes os contornos próprios conforme as fontes jurídicas existentes, os componentes da equipe de advogados devem participar ativamente de eventos relacionados à área pretendida, como *workshops*, conferências, congressos, reuniões e, se possível, ser um dos ministrantes das palestras, ou até mesmo o organizador dos referidos eventos.

Ou seja, ao escolher a área em que deseja atuar, o advogado deverá ser parte legítima e aceita por seus membros titulares, os quais serão os seus clientes. Assim, sendo considerado parte da cadeia produtiva de determinado setor ou área, o profissional deverá injetar seus conhecimentos jurídicos para protegê-los e beneficiá-los. Determina-se, a partir disso, o ritmo de construção e promoção de uma especialidade no seu campo delimitado de atuação.

Para tanto, não se pode olvidar o autoconhecimento constante, pois, para tratar dos temas diversificados existentes dentro de uma área específica, formulam-se questões jurídicas de benefícios sempre pelo que é cabível e aplicável às situações existentes – de modo que, sem conhecer profundamente a matéria jurídica pertinente, as ocorrências de mercado e a legislação que regulamenta a área, não há incidência capaz de satisfazer os anseios esperados pelos contratantes.

É o aprofundamento que vai lhe dar os caminhos a serem trilhados para o sucesso, pois a tendência ora demonstrada é desenhada justamente ao longo da atuação, do empirismo e da vivência imprimida que darão ritmo ao reconhecimento das fontes do direito aplicáveis à atuação da nova advocacia.

A especialidade, portanto, independe de cursos de aperfeiçoamento e de especialização reconhecidos, pois a diversificação de temas e assuntos de determinadas áreas pode não contar com escolas interessadas pela escassez de conteúdo e de alunos interessados, e ainda pode não existir obras na literatura jurídica, nem acervo jurisprudencial.

Os escritórios de advocacia interessados em áreas específicas devem estudar a matéria enfrentada no dia a dia dos seus clientes e acumular conhecimentos jurídicos, fazendo gestão das informações obtidas, pois, necessariamente, vão ressurgir sobre os novos casos sobre os contornos legais, documentais e administrativos que serão posteriormente reutilizados em favor dos novos clientes. A advocacia dos novos tempos, pragmaticamente falando, independentemente de ser procurada pelo cliente, se obriga a conhecer todas as leis e normas que regulam a área, verificando, por meio de análises jurídicas, se elas são compatíveis com outras leis vigentes e com a Constituição Federal.

Na ordem atual, fala-se em conhecer bem as necessidades do público-alvo para estudar soluções adequadas a oferecer.

Pode-se dizer que essa ordem, não obstante o seu alto grau de importância, já vem sendo superada por atender também às necessidades as quais seu público-alvo ainda desconhece.

Essa modalidade da necessidade ainda desconhecida pelo cliente surge e pode se concretizar pelos conhecimentos adquiridos pelo advogado, o qual é o conhecedor dos assuntos jurídicos aplicáveis. Com isso, a ótica se inverte, ao invés de o cliente sofrer uma lesão ao seu direito e sentir que a lei pode ser aplicada ao seu caso, o advogado – estudando a lei e o direito – encontrará a lesão que o cliente ainda não sentiu. Todo o jurista é capaz de perceber a existência de lesão a direito por conta de uma lei, regulamento, ou por ação ou omissão de uma autoridade, sem que o seu potencial cliente jamais possa sentir o dano sofrido. Ciente dessa lesão ao direito, o objetivo passa a ser buscar a solução. Encontrando a solução jurídica aplicável ao caso, a outra etapa é informar seu público-alvo sobre aquele direito e buscar adesão.

Vamos abstrair a ideia de que no campo de atuação escolhido não há literatura a respeito, jurisprudências estruturadas no Judiciário e cultura daquela área em recorrer à Justiça seus direitos. A melhor forma de propalar seus serviços jurídicos é conhecendo as nuances administrativas da área em questão. Caso haja muitos trâmites administrativos, como licenças, autorizações, pagamento de taxas, junção de documentos para avaliação, entre outras práticas burocráticas, isso propicia a possibilidade de prestar serviços administrativos.

A advocacia deve inteirar-se também se o setor escolhido é fiscalizado. Quanto mais fiscalizado, mais passíveis são as pessoas ou empresas de sofrerem lesão a direitos. Consequentemente, surge a possibilidade de realizar defesas administrativas para aqueles que sofrerem autuações ou multas.

Demais casos, as atenções devem se voltar para desobediências às leis e lesões a preceitos constitucionais e direitos fundamentais da Carta Magna de 1988.

Os profissionais e empresas dos setores ou segmentos novos nos quais a advocacia atenderá estarão sempre preocupados com seus próprios serviços e produtos, tentando fazê-los crescer dentro dos seus objetivos concorrenciais de mercado. Ora, não estará predisposto a focar seus esforços em dar atenção ao jurídico. O que é sabido é que empresas conscientes contratam escritórios de advocacia para assessoria contínua.

Diferentemente até do que apregoa a advocacia preventiva, a moderna advocacia antecipa os movimentos para obtenção de vantagens, na superação do direito posto para o direito desconhecido, ainda inexistente, não se perfazendo somente dos casos que surgem. Esse processo revela e reforça a necessidade absoluta de aprimorar conhecimentos e domínios jurídicos aplicados e o aprofundamento do mercado escolhido para atuação.

Outra atenção importante se deve às mudanças. É fundamental que a advocacia especializada em áreas novas atente-se às mudanças de mercado da área de atuação em seus aspectos econômicos, logísticos e estruturais, bem como às mudanças nas leis e regulamentações específicas para, no mesmo instante, identificar violações à lei ou à Constituição Federal. A ofensa a direitos pode ocorrer em nível nacional ou local.

É imperioso ressaltar que o setor, quando possui elevado relacionamento com o Poder Público, pode e deve ser muito bem ocupado pelos advogados. Na medida em que a máquina administrativa pública, em geral, está muito bem amparada com departamentos jurídicos de alto nível de conhecimento técnico jurídico, há um grave desequilíbrio entre a representação do Estado e a representação do indivíduo cidadão ou de empresas no Judiciário.

Se não houver o referido equilíbrio de forças jurídicas entre cidadãos e Estado, as decisões se tornarão sempre injustas, o objetivo do direito não será alcançado e as autoridades se prevalecerão de direitos alheios, o que é péssimo para a Justiça como um todo. Por isso, é necessária a valorização de advogados dedicados a áreas específicas, pois eles possuem maiores condições de êxito em suas empreitadas jurídicas.

Dentro de diferentes setores regulados no Brasil essencialmente por autarquias e agências reguladoras, existem inúmeras relações conflituosas com o mundo privado por conta de autorizações, concessões, licenças e fiscalizações, desenhando o campo de atuação da advocacia no âmbito administrativo e jurídico como um todo, produzindo necessidade de esclarecimentos sobre diversos temas já existentes e outros jamais debatidos.

O advogado é o profissional competente para realizar tais avaliações, por meio de interpretações jurídicas definidoras de direitos e obrigações inerentes às questões próprias de cada setor, acompanhando a velocidade de situações econômicas, profissionais e sociais.

O advogado verificará se o regulamento posto na ordem jurídica é o instrumento adequado, obedece à hierarquia de normas, partiu de uma autoridade competente, além de analisar se a matéria lhe diz respeito e se está dentro da legalidade, não violando a Constituição Federal, e se as limitações, restrições e proibições que o regulamento impõe não afetam direitos e garantias fundamentais. Isso passará sempre despercebido caso a ilegalidade, a ofensa ou a violação não for sentida pelo setor regulado. Só o advogado pode realizar essa análise, para assim identificar essas questões e transmiti-las aos sujeitos/ objetos de direito, apresentando a eles a solução jurídica viável.

A ideia é identificar ilegalidades ou antijuridicidades contra seu público-alvo, independentemente de reclamação deste, numa atuação vigilante em favor dos seus interesses, afigurando-se em uma advocacia totalmente envolvida e comprometida e deixando a postura passiva de atuação para adotar uma postura muito mais ativa e envolvente como parte integrante da área da advocacia.

Com o conhecimento apurado do advogado, os estudos aprofundados, a cultura do "conhecer bem o mercado público-alvo" e a advocacia vigilante, é possível identificar soluções jurídicas para necessidades dos potenciais clientes que eles jamais iriam saber.

Em razão disso, o desconhecido, que normalmente é temido, deverá ser sua maior coragem, assim como a busca pelo aprimoramento, uma constante.

Fonte: Adaptado de Carretas, 2013.

Os cinco "Es" da gestão estratégica jurídica

Cada vez mais as matérias de gestão têm quebrado todos os tipos de preconceitos e barreiras no mundo jurídico. O choque de gestão tem sido para a advocacia o que as pesquisas científicas são para a medicina.

Ora, sem gestão ou planejamento estratégico como as instituições (Judiciário, OAB etc.), departamentos jurídicos e bancas podem ser administrados com excelência? Como é possível traçar planos de curto, médio e longo prazo sem pensamento gerencial, planos e metas? É realmente possível não conhecer profundamente gestão em um mundo competitivo, veloz e altamente inovador? É possível crer que os mais de 70 milhões de processos que tramitam nos tribunais brasileiros não mereçam a atenção da gestão profissionalizada ou mesmo da sua carreira pessoal ou da banca a qual representa?

Acreditamos que não! Por isso introduzimos alguns conceitos adaptados do grande mestre Jack Welch, considerado um dos grandes líderes e pensadores de todos os tempos. Ele criou as chamadas *cinco habilidades* para a mentalidade do gestor e líder e, de posse desses conceitos, adaptamo-los para a realidade jurídica, para as sociedades de advogados e instituições jurídicas. São os chamados *cinco "Es" da gestão de Welch*. Vamos a eles:

» **Primeiro "E" – energia**: É a capacidade de seguir em frente mesmo diante de terríveis obstáculos, de crises, de inoperâncias anteriores. É estar comprometido com a instituição, em buscar resultados atendendo às expectativas dos liderados, dos colegas e dos clientes públicos ou privados. Não significa o otimismo, mas a força em quebrar barreiras, alterar pensamentos antigos e estar sempre pronto para os desafios. Um presidente da OAB em qualquer estado brasileiro necessita dessa energia para costurar ideias e, mais do que tudo, gerar resultados para a classe. Um sócio de escritório precisa ser o exemplo a ser seguido pelos demais e o primeiro a adotar o choque de gestão sem medo de errar ou ser contestado. Se o momento não for dos melhores, uma dose adequada de energia faz o líder não baixar a cabeça e sim enfrentar o que precisa ser enfrentado. Se o momento for daqueles que confirmam o nosso sucesso, a energia faz o líder se alimentar do que for positivo, armazenando combustível para os momentos de queda. Energia é a força vital que faz as coisas acontecerem.

» **Segundo "E" – energizar:** É a capacidade de transferir energia para seus capitaneados e liderados. De nada adianta ser um líder comprometido se sua equipe não for. Um presidente do Tribunal de Justiça deve escolher, acima de qualquer questão política, somente os melhores funcionários e aqueles que se empolgarem com seus ideais profundos. Os que assim não pensarem, devem ser sumariamente excluídos dos projetos, pois nada mais eficaz para destruir ideias do que pessoas passivas, negativas e sem motivação. Procure com sua capacidade energizá-los e dê o tempo devido, não menos do que três meses e não mais que seis. É o tempo suficiente para saber se as pessoas com quem conta estão com você para "o que der e vier". É o tempo suficiente para saber se elas foram contaminadas com a sua força vital.

» **Terceiro "E" – escolher**: É a capacidade de saber escolher entre várias alternativas e tomar a decisão no tempo adequado. Lutar contra a zona de conforto ou a paralisia que, por vezes, pode comprometer o trabalho junto ao seu cliente, seu escritório ou mesmo congelar questões importantes, mas espinhosas de lidar. Nos tempos modernos da gestão jurídica, enfrentar as tomadas de decisão, analisar as alternativas e escolher entre elas é fundamental, não somente para fazer a roda girar, como também para reforçar a posição de liderança. Um líder que não decide não é um líder.

» **Quarto "E" – executar**: É a capacidade de efetivamente tirar do papel um projeto, aquela ideia brilhante de melhorar os serviços jurídicos, uma nova tecnologia, uma ousadia no atendimento ao cliente, a implantação de um plano de carreira para a equipe, uma tese inovadora. É utilizando sua liderança amparada na energia, na motivação da equipe e nas escolhas que você terá o terreno fértil para colher a reputação necessária para executar os planos propostos.

» **Quinto "E" – experimentação**: Talvez a mais inovadora de todas as capacidades. Quando um advogado cria uma área chamada *logística ambiental aplicada a transportes* para discutir as questões do meio ambiente no direito marítimo, aeronáutico, rodoviário e ferroviário, ele experimenta ideias e explora sem medo infinitas possibilidades de conquistar uma marca única. No momento em que o Conselho Federal da OAB investe em educação a distância pela Escola Nacional da Advocacia em temas inovadores e pouco explorados, como direito das novas tecnologias e da gestão jurídica, a instituição procura experimentar o que acontecerá no dia a dia dos advogados. Quando um ministro do Supremo Tribunal Federal defende seu voto para alguma tese que irá influenciar milhões de brasileiros, ele explora não apenas o que existe, mas busca do alto de sua larga competência e experiência a capacidade de experimentação.

[...]

Os cinco "Es" podem sinceramente mudar sua forma de gerir, pensar e inventar como líder que é. [...]

Fonte: Adaptado de Selem; Bertozzi, 2013.

Mercado digital

De acordo com o publicitário **Valdomiro Cirino da Silva Júnior** (2013), o público em geral sabe que a publicidade no meio *on-line* chegou para ficar e está em constante crescimento. No entanto, o que vale lembrar é que nem todos conhecem os benefícios e a forma como a publicidade no meio *on-line* podem ajudar no dia a dia das instituições, principalmente das pequenas empresas, e dos profissionais liberais.

Entre as ferramentas mais usuais, o mercado conta com um grande leque de produtos, como o *Search Engine Optimization*

Publicitário, blogueiro do V. J. Publicidade e gestor de marketing digital das agências i-Friends Internet Partner e i-People Digital Public Relations. Para saber mais, acesse: <www.vjpublicidade.wordpress.com>.

(SEO), que em português significa algo como "otimização de *sites*" ou "otimização de mecanismos de buscas".

O recurso SEO nada mais é do que a otimização de uma página na internet (ou até mesmo do *site* inteiro), a fim de ser mais bem compreendido pelas ferramentas usuais de busca. Consequentemente, a utilização das técnicas existentes de SEO resulta em um melhor posicionamento do *site* no *ranking* de resultados de uma busca pela rede.

Enfim, o SEO visa à otimização de palavras-chave, conteúdos e *links* do site. Podemos dizer que ele é o carro-chefe do *Search Engine Marketing* (SEM), que pode ser considerado o marketing nos motores de busca. Portanto, o SEO é a atividade que se dedica à promoção de *websites* de pesquisa.

Todos os dias, milhares de *sites* são criados para satisfazer às necessidades dos usuários da grande rede. Levando-se em consideração que atualmente existem mais *sites* do que pessoas no mundo, não é de se admirar que a maioria tenha baixo número de visitantes; a concorrência existente no mundo virtual é muito grande.

É no sentido de viabilizar essa audiência que entra em cena o marketing de busca, o já citado SEM, o qual tem como principal função tornar os *sites* mais visíveis nos motores de busca na rede e, assim, converter essa maior visibilidade em mais ativos para o *site* em questão.

Vale lembrar que essas novas ferramentas funcionam como uma extensão do marketing da empresa. Mídias sociais, *e-mail*, marketing, *websites*, *hotsites*, *blogs* corporativos e aplicativos para dispositivos móveis estão tendo adesão por parte das empresas, como uma nova tendência de divulgação.

Antigamente, apenas grandes marcas podiam fazer anúncios no horário nobre da televisão ou do rádio, gastando enormes quantias e sem promessa de retorno.

No entanto, com a chegada do marketing digital, a promessa é de segmentação do público-alvo, mensuração de resultados, baixo custo de manutenção (em comparação com a publicidade tradicional) e, ainda, rapidez na produção de campanhas.

Ainda no Brasil, tanto as agências especializadas no assunto como as empresas que divulgam suas marcas na internet ainda engatinham nesse campo tão vasto e pouco explorado. Contudo, a expectativa é que, com a expansão da tecnologia 4G, tenhamos melhora da internet banda larga e o aumento de especialistas dessa área. Nesse momento, o mercado digital brasileiro possivelmente irá chegar próximo dos números americanos, tornando-se ainda mais popular.

Para que você tenha uma ideia, nos Estados Unidos a maioria das empresas de pequeno porte localizadas em bairros já têm uma conta no **AdWords** para a sua divulgação.

> Serviço de *links* patrocinados do Google que auxilia na divulgação dos *sites* em páginas busca.

Com esse crescimento, a esperança das empresas é que a cada dia mais usuários tornem-se fãs da sua marca e compartilhem as boas experiências com seus amigos.

Mas, apesar do lado bom, se as empresas não souberem utilizar corretamente o marketing digital e seus benefícios, elas correm o risco de ver o outro lado da moeda e ter sua marca manchada perante o consumidor.

Algumas marcas optam por criar um perfil no Twitter e outro no Facebook® e acham que já estão fazendo marketing digital e que sua imagem é positiva para seus consumidores. Aí está o grande erro, pois, em primeiro lugar, o interessante é contratar alguém especializado no meio para administrar as redes sociais da empresa; em segundo, não basta ter somente um perfil nas mídias sociais para dizer que você já faz marketing digital; e, em terceiro e mais importante, a empresa precisa dar suporte e assistência aos seus consumidores por meio da internet.

O fundamental é a empresa criar um relacionamento com seus consumidores, adequar o conteúdo ao seu público e, assim, não afugentá-los com experiências ruins no mundo *on-line*, seguindo uma tendência de integração entre cliente e mercado.

O grande objetivo do marketing é sempre ganhar o mercado, **e não apenas vender seus produtos**. Assim, podemos afirmar que um marketing inteligente e acima da média compreende definir inicialmente qual é o seu mercado. Isso significa pensar na empresa, na tecnologia e no produto de forma diferenciada, decidindo, assim, de que modo a liderança pode ser alcançada.

> Quais são os cuidados que você toma em relação às mídias sociais? Sua empresa tem Twitter ou Facebook®? Você sabe qual é a função dessas mídias?

É preciso sair do padrão convencional, estendendo e estreitando a ligação com o cliente. Desse modo, colocam-se em prática os melhores conceitos sobre a nova administração mercadológica.

Reflita um pouco sobre o tempo que novas tecnologias levaram para atingir 50 milhões de usuários no mundo. Ao analisar o Gráfico 2.1, você verificará que os anos estão ficando cada vez mais curtos (de 38 anos do rádio passamos para 2 anos do Skype) no que se refere à obtenção desses recursos pelos usuários.

Gráfico 2.1 – Tempo que cada mídia levou para conquistar 50 milhões de usuários

- Rádio: 38 anos
- Computador: 16 anos
- Televisão: 13 anos
- TV a cabo: 10 anos
- Celular: 9 anos
- Internet: 4 anos
- Skype: 2 anos

Fonte: Adaptado de Mídia e consumo, 2013.

Outros dados e tendências importantes do novo consumidor

» **Comércio eletrônico (ou *e-commerce*)**: Em 2008, foram gastos R$ 8,2 bilhões em compras *on-line*. Em 2009, mesmo com a crise econômica, foram gastos R$ 10,6 bilhões (G1, 2009). O ano de 2010 fechou com R$ 14,8 bilhões, atingindo 1/3 de todas as vendas de varejo feitas no Brasil (Vieira, 2011, p. 134). Ainda assim, apenas 20% dos internautas brasileiros fazem compras pela internet; aqueles que ainda não compram, não o fazem por não considerarem a operação segura (69%) ou porque não confiam na qualidade do produto (26%) (Agência Reuters, 2011).

» **Publicidade *on-line*:** A internet se tornou o **terceiro veículo de maior alcance no Brasil**, atrás apenas do rádio e da televisão (Calligaris, 2008, p. 129). Antes de comprar, 90% dos consumidores ouvem sugestões de pessoas conhecidas, enquanto 70% confiam em opiniões expressas *on-line* (Antonioli, 2012). Segundo pesquisa realizada pela Wark Internacional Ad Forecast, a publicidade na internet brasileira deverá superar a realizada em jornais e revistas até 2015 (BBC Brasil, 2012).

» **Venda de computadores:** A difusão da internet está diretamente associada ao crescimento do número de computadores, que têm suas vendas impulsionadas pelos seguintes fatores: aumento do poder aquisitivo, crescimento do emprego formal e do acesso ao crédito, avanço da tecnologia, baixa do dólar e isenção do Programa de Integração Social (PIS) e da Contribuição para o Financiamento da Seguridade Social (Cofins) sobre a venda de computadores e seus componentes (Agência Brasil, 2011).

» **Desigualdade social:** A desigualdade social, infelizmente, também tem vez no mundo digital: entre os 10% mais pobres, apenas 0,6% tem acesso à internet; já entre os 10% mais ricos, esse número cresce para 56,3%. Somente 13,3% dos negros usam a internet, duas vezes menos que os brancos (28,3%). Os índices de acesso à internet das regiões Sul (25,6%) e Sudeste (26,6%) também contrastam com os das regiões Norte (12%) e Nordeste (11,9%) (Antonioli, 2012).

Mercado de serviços

Os serviços estão em toda parte, são intangíveis e não estocáveis (ao contrário dos produtos). De acordo com Kotler (2000, p. 448), "Serviço é qualquer ato ou desempenho, essencialmente intangível, que uma parte pode oferecer à outra e que não resulta na propriedade de nada".

No mercado de serviços, é importante destacar que a produção e o consumo ocorrem simultaneamente (são produzidos, entregues e consumidos). Essa simultaneidade implica o controle de qualidade ao longo do processo, já que erros são cometidos durante a prestação do serviço.

Segundo Berry e Parasuraman (1992, p. 10), "As linhas de distinção entre os setores de manufatura e serviço estão se tornando invisíveis e a arena de importância dentro da indústria será cada vez mais o serviço". O mercado de serviços varia de acordo com a maneira como seus serviços são prestados, exigindo, assim, a compreensão do perfil do consumidor.

As empresas se diferenciam de acordo com seus **objetivos** (lucro) e sua **natureza** (particular ou pública). Por exemplo, o marketing de uma oficina deve ser diferente do marketing de uma farmácia.

Os serviços têm as seguintes características que interessam para o marketing, conforme Senche (2012):

- » **Intangibilidade**: Os serviços são ideias e conceitos (processos) não palpáveis e não patenteáveis. Nesse caso, o consumidor baseia-se na reputação do prestador de serviço.
- » **Heterogeneidade**: Variam de cliente para cliente, pois cada um tem uma necessidade específica. A atividade é voltada para as pessoas.
- » **Simultaneidade**: Os serviços são criados e consumidos simultaneamente; portanto, não podem ser estocados.
- » **Participação do cliente no processo**: Deve-se dar atenção ao desenho das instalações e às oportunidades de coprodução.

Novo consumidor de serviços

Temos observado uma tendência a uma maior diversificação de produtos e, principalmente, de serviços. O consumidor, antes mais fiel, com menor oportunidade de escolha, hoje se vê em um mercado bastante segmentado, com baixa atenção emocional e mais racional.

Vale ressaltar que essa prática é mais evidente em mercados mais jovens, com um público de menor faixa etária. Quanto maior a idade, mais fiéis são os consumidores aos produtos ou serviços utilizados.

> Quantas vezes você mudou sua marca de sabonete para experimentar outras?

Mimetização

Pense em **mimetização** como a imitação de algo ou alguém por meio da cópia de seus principais hábitos ou de suas cores e formas.

Mas o que isso tem a ver com o mundo corporativo?

A mimetização é conhecida como uma das características do mercado de serviços. Existe muita imitação e concorrência acirrada; muitas vezes, a falta de criatividade impera e uma empresa copia a outra.

Nesse contexto, acabam ganhando as empresas que dão maior atenção aos detalhes. Além disso, é importante salientar o poder da marca em relação aos seus concorrentes (muitos não estão necessariamente no mesmo segmento).

De acordo com pesquisas da Macroplan, uma experiente empresa brasileira de consultoria, estas serão algumas das principais tendências de consumo nos próximos 20 anos:

1. **Consumo exigente:** maior exigência por produtos e serviços de qualidade, incluindo a valorização crescente da certificação e da rastreabilidade.
2. **Consumo +60:** aumento da demanda por produtos e serviços orientados ao consumidor com mais de 60 anos em virtude do envelhecimento populacional.
3. **Consumo saudável:** valorização da saúde nas decisões de consumo e aumento da demanda por produtos e serviços orientados a uma vida saudável.

4. **Consumo responsável**: aumento da conscientização socioambiental do consumidor e intensificação das exigências éticas e de eficiência no processo produtivo.
5. **Consumo de baixa renda**: ingresso de novos consumidores à economia de mercado e aumento da demanda por bens de consumo popular pelas classes de baixa renda (C, D e E).
6. **Consumo precoce**: aumento do poder de decisão de compra exercido pelas crianças e adolescentes sobre o consumo familiar.
7. **Consumo online**: aumento das transações comerciais utilizando a internet.
8. **Consumo prático**: aumento da demanda por produtos e serviços de elevada praticidade e que contribuam para a otimização do tempo.
9. **Consumo em nichos**: aumento da procura por serviços e produtos direcionados a mercados (públicos) específicos (portadores de necessidades especiais, GLS e afrodescendentes, entre outros).

Fonte: Ventura, 2010, p. 1.

Além dos serviços complementares aos produtos, observa-se também o crescimento dos chamados *serviços puros* em várias áreas de crescimento notável, tal como os setores de turismo, lazer e entretenimento, esportes (Copa do Mundo e Olimpíadas) e outros que crescem de maneira exponencial, como saúde e beleza (o Brasil é um dos maiores consumidores de cosméticos do mundo). O novo perfil de consumidor quer "curtir a vida" com mais saúde e chegar mais "inteiro" aos 70 e 80 anos de idade.

Com a maior estabilidade econômica dos últimos dez anos, foi possível oferecer pacotes de serviços direcionados à classe C. Essa classe social, conhecida como *a nova classe média*, já é uma grande consumidora de serviços. Agora é a vez de as classes menos favorecidas poderem gastar com melhor qualidade de vida.

Nesse sentido, a população está podendo gastar mais com viagens nacionais, aumentando, desse modo, o turismo e a demanda por hotéis de baixo custo.

A tendência é que essas áreas estejam em grande expansão mercadológica na próxima década no Brasil, principalmente pela entrada do consumidor de baixa renda, que quer seu "lugar ao sol" após tantos anos de exclusão social.

Vale ressaltar que o início de qualquer novo negócio, principalmente no setor de serviços, exige muito planejamento – o chamado *plano de negócios*.

Nesse momento, é necessário pensar na criação de um plano de marketing para divulgação e, assim, acionar o volume de vendas no setor de serviços. Esses instrumentos utilizados no planejamento são essenciais para analisar e melhor prever o futuro e suas tendências.

O desenvolvimento do plano estratégico requer o envolvimento de todas as áreas da empresa. É nessa ocasião que os diretores e os gerentes de departamentos determinam quais ferramentas são as mais adequadas para que seus potenciais clientes sejam atingidos.

Entre as ferramentas mais usuais, destaca-se o uso do marketing de relacionamento como apoio fundamental, em que os contatos pessoais dos clientes/possíveis clientes ficam armazenados em um banco de dados (*database*) com informações coletadas por meio de pesquisas de mercado, internas ou externas. As pesquisas têm como objetivo analisar o nível de satisfação e as possíveis necessidades de seus clientes.

Para refletir

Uma noção sobre o setor de eventos e suas tendências

No que diz respeito à prestação de serviços, destacamos neste momento o segmento de eventos. O autor Melo Neto (2001) afirma que estamos próximos a nos tornar uma sociedade de evento. Devido ao grande crescimento de empresas e o estreitamento das relações marca x cliente, empresas têm optado em "conversar" com seu público por meio de eventos.

Mas por que eventos? Simples, lidamos com seres humanos que habitam em uma sociedade e, por esse motivo, tendem a influenciar o comportamento. Trata-se de uma tendência natural.

A sociedade molda nossas crenças, valores e normas. Ao crescer em um determinado meio, as pessoas aprendem seus valores, percepções, preferências e comportamentos básicos do lugar onde vivem.

Sigmund Freud (1997, p. 85-115) cita essa adequação, mesmo que não aceita pelo inconsciente:

Surge, então, uma tendência a isolar do Eu tudo o que pode tornar-se fonte de tal desprazer, a lançá-lo para fora e criar um puro Eu em busca do prazer, que sofre o confronto com um exterior estranho e ameaçador. [...] A vida humana em comum só se torna possível quando se reúne uma maioria mais forte do que qualquer indivíduo isolado e que permanece unida contra todos os indivíduos isolados. [...] A substituição do poder do indivíduo pelo poder de uma comunidade constitui o passo decisivo da civilização. Sua essência reside no fato de os membros da comunidade se restringirem em suas possibilidades de satisfação, ao passo que o indivíduo desconhece tais restrições.

Dessa maneira, um ambiente de evento proporciona a visualização da marca, mesmo que inconsciente, e propicia momentos prazerosos, nos quais a festa, o artista e a decoração tornam o consumidor mais emotivo. Em um momento de emoção, as pessoas são suscetíveis às informações do meio e nesse momento a marca é vista de outra maneira

Em entrevista exclusiva, Eduardo Zathar (2012), jovem empresário, lembra que iniciou na área de eventos em 2007, em trabalhos prestados para a Jovem Pan Curitiba, rádio líder no segmento jovem, e comentou que achava interessante escutar a conversa entre os produtores nos momentos em que relatavam suas experiências; mal sabia ele que o que eles falavam é muito melhor sentir na prática.

Hoje nos deparamos com profissionais realmente qualificados de diversas áreas que conhecem ou acreditam que conhecem as atribuições dos produtores de eventos, por meio da plena qualificação e busca pelo profissionalismo a qualquer custo, pois é mais que tendência, é exigência do mercado.

No relato, o empresário destaca que percebeu no dia a dia no meio acadêmico que ficou clara a diferença entre o que as pessoas esperavam ver de um produtor e o que realmente ele faz. Quais são suas reais atribuições? O que é produzir? Como tudo acontece? Enfim, é no dia a dia que tudo se esclarece, de acordo com Zathar.

Outro fato interessante é o caso da Zathar, marca já consolidada no mercado da capital do Paraná e criada para atuar no conceito de "temperar" os eventos e o mix de comunicação dos clientes. O empresário destaca também que não é fácil se fazer presente nesse mercado, pois muitos clientes já estão acostumados com empresas de eventos que têm o perfil "padrão" no mercado e executam o trabalho como o cliente acha que é, e acabam por vezes esquecendo a maior missão dos profissionais dessa área. "Somos produtores, produzimos o evento, mas, além de tudo, queremos que seja de forma assertiva, devemos e é nossa obrigação sugerir aos nossos clientes outras opções de estratégias de eventos e sermos participativos". Ou seja, ir além, além das expectativas padrões do cliente.

Parece algo que não deveria ser mencionado, mas frequentemente os profissionais da área de eventos se deparam com situações em que grandes empresas necessitam de sugestões, mas algumas agências têm a coragem de falar: "Nós somos pagos pra executar um evento, e só!" Onde está o senso de fazer com que o sucesso do seu cliente seja por meio do seu evento? Ir além... Esse é o caminho, essa é a tendência. De acordo com Zathar (2012):

> Indo contra as tendências tradicionais de participação na web e em mídias sociais, a Zathar Eventos, decidiu arriscar. E dentro da linha "presença virtual", em menos de um ano com a empresa aberta ganhamos o Troféu Marketing e Empreendedorismo pela maneira como expomos a marca nas redes sociais.
>
> Há regras, conceitos, estratégias e em nenhum momento estou desmerecendo elas, porém, muitas vezes o que pode funcionar para uma empresa não funciona com outra, são características diferentes.

O empresário finalizou a entrevista declarando que é necessário se arriscar, sem deixar de visualizar os prós e os contras referentes às tomadas de decisões nas empresas.

Mas, afinal, ninguém presta bons serviços?

Hoje falamos muito sobre aumento de qualidade e maior produtividade no segmento de serviços. Pense em um fabricante de bens de consumo, tradicional, que tem por objetivo vender seus produtos no atacado, o qual, por sua vez, acaba repassando-os ao comércio no varejo. A qualidade pode ser controlada durante as mais variadas fases de produção, ou seja, na sua linha de montagem e no estoque de produtos intermediários ou totalmente acabados.

Dessa maneira, o produto é estocado depois de ser embalado e é manuseado por várias pessoas/empresas, correndo o risco de chegar às mãos do consumidor final já danificado.

O custo do conserto do produto, a reposição, a troca ou o reembolso são muitas vezes altamente onerosos. Hoje os consumidores sabem que a responsabilidade do fabricante se estende por toda a cadeia de consumo, envolvendo desde os setores industrial e atacadista até o comerciante final, ou seja, há uma tendência de prestação adequada dos serviços.

Depois desse primeiro momento, quase todas as empresas sobreviventes a essa onda deram maior atenção à qualidade e à responsabilidade pelos produtos lançados no mercado. Assim, elas redirecionaram suas atividades a fim de agregar maior valor aos seus produtos. No entanto, é possível verificar que muitos setores ainda não se adaptaram 100% a essa nova realidade de mercado.

As marcas que se preocupam mais com a sua sobrevivência mercadológica questionam-se como fazer para melhorar sua *perfomance* na prestação de serviços ao consumidor final, pois sabem que fidelizar o cliente é muito mais viável do que conquistar um novo cliente, e isso se torna fundamental para a continuidade e a adequação dos negócios da empresa.

Conforme Buchmann (2012), culpam-se os prestadores de serviços pela baixa qualidade da mão de obra. Não se percebeu ainda claramente que o consumidor que fica refém de um produto é "vingativo" por natureza e tem um perfil comodista.

O que se observa no mercado é o início de um maior enfoque nos serviços agregados às vendas, que vão desde o famoso *delivery* (a entrega em casa) até o *telemarketing* (ativo e receptivo), por meio de pesquisas constantes para verificar a satisfação dos consumidores, passando obrigatoriamente pelos serviços de instalação e assistência técnica. Estes, por sua vez, acompanham uma tendência maior de terceirização, visando garantir qualidade e focando nas especialidades dos profissionais.

Mercado de luxo

Caminhando por um luxuoso *shopping* da cosmopolita São Paulo, podemos observar diversas marcas expostas em vitrines. Para a exposição dos produtos e de seus preços, a loja (ou, como chamamos no marketing, *ponto de venda*) deve despertar a atenção do consumidor e convidá-lo a entrar naquele ambiente. Essa estratégia de "encantar o consumidor" é praticada por quase todas as marcas existentes no mercado, seja uma marca de luxo, seja uma marca popular.

> Mas como podemos diferenciar o mercado do segmento de luxo?

Segundo Thomas (2008, p. 55), "a indústria de bens de luxo é um negócio de aproximadamente US$ 157 bilhões, que produz e vende roupas, artigos de couro, perfumes, sapatos, gravatas, joias, bebidas e cosméticos que denotam *status* e uma vida de mimos – uma vida de luxo". Poucos são os consumidores que podem adquirir produtos do mercado de luxo, também chamados de *linha premium*. Já Schweriner (2005, p. 21) simplifica o conceito, definindo *produto de luxo* como "melhor, superior, mais duradouro, mais bem acabado, mais bonito".

Marcas internacionais, como Louis Vuitton, Gucci, Prada, Giorgio Armani, Chanel, Ferrari, Aston Martin, Burberry, Hermès, Tiffany & Co. e Versace, fazem parte desse seleto grupo. O mercado de luxo no Brasil, por sua vez, está em crescimento: conforme Campos e Yoshida (2010), "em 2009, mesmo com a crise financeira mundial, o mercado de luxo faturou US$ 6,45 bilhões no Brasil, 8% a mais do que em 2008". Com isso, é possível perceber que o cenário de consumo de produtos de luxo no Brasil está evidentemente em desenvolvimento, o que justifica a entrada de inúmeras marcas internacionais no país.

Cabe lembrarmos que espumantes, imóveis e restaurantes, por exemplo, também podem fazer parte do mercado de luxo, e não somente carros, roupas, acessórios e joias. É importante destacarmos que o consumo de luxo é puramente emocional, pois o consumidor dessa linha busca principalmente exclusividade, experiência, *status* e marca.

Figura 2.10 – Campanha natalina da marca Louis Vuitton

Crédito: Latinstock/Gianni Iorio/ Grand Tour/Corbis

Podemos afirmar que a concentração de empresas de luxo está no eixo Rio-São Paulo, em Brasília e Porto Alegre. Em Curitiba estão presentes algumas marcas, porém as grifes internacionais estão chegando aos poucos na cidade. O restante do país realiza as compras em São Paulo ou até mesmo no exterior – já que, com a facilidade no pagamento, as viagens internacionais deixaram de ser um costume somente da classe mais favorecida.

Nesse mercado tão específico, a marca é um aspecto primordial, visto que muitas vezes ocorre o consumo pela marca e não pelo produto em si. Quem atua no mercado de luxo trabalha automaticamente os aspectos do *branding*.

A busca constante pela marca também explica o crescimento de produtos falsificados – compra que não é recomendada, pois, além de ilegais, esses produtos têm baixa qualidade. No entanto, o que muitos consumidores procuram, nessa compra, é o *status* agregado à marca.

Figura 2.11 – Bolsas Louis Vuitton falsificadas

Vamos falar um pouco da Louis Vuitton? A marca tem como carro-chefe a bolsa com sua logo de estampa. O lucro médio de uma bolsa Louis Vuitton é aproximadamente de 10 a 12 vezes o custo de sua produção unitária. Os preços nunca são reduzidos e a marca não apela para a "promoção". O que pode acontecer nas lojas Louis Vuitton no Brasil é o parcelamento pelo cartão de crédito para a compra da bolsa, que chega a custar em média R$ 3.000,00. Você sabia que a maioria dos produtos Louis Vuitton são fabricados à mão, por artesãos parisienses? No interior da bolsa, pode-se observar o número de série gravado, que corresponde a um número de produção e ao artesão que a produziu.

Em 2002, o grupo LVMH (que gerencia a marca Louis Vuitton) investiu mais de US$ 1 bilhão em propaganda – o que seria 11% de suas vendas –, tornando-se, nesse ano, o maior comprador e anunciador de propaganda nas revistas de moda, como a Vogue – diferentemente da Zara, que, como citamos anteriormente, não investe absolutamente nada em publicidade.

Nesse universo, podemos destacar também a empresa MCF Consultoria & Conhecimento, de Carlos Ferreirinha, principal nome do mercado de luxo no Brasil (no final desta obra, você encontra mais informações sobre ela).

Considerando a atual sociedade de consumo em que nos encontramos, listamos, a seguir, algumas tendências importantes para o mercado de luxo.

» Como já citamos neste capítulo, as viagens internacionais deixaram de ser um hábito exclusivo da classe A. Logo, destinos como Estados Unidos e Europa deixaram de ser "encantadores" para esse público, que hoje busca como opção de viagem e lazer destinos exóticos e pouco explorados, como Egito, Dubai, Tailândia, Indonésia, Cingapura, Israel, Índia e Istambul, além de cruzeiros marítimos (que oferecem opções de lazer durante a viagem).

» Arquitetura, *design*, perfumes (exclusividade em fragrâncias), gastronomia exótica e *shows* internacionais e clássicos estão entre os produtos/serviços mais vendidos para o público de luxo.

» A busca pela qualidade de vida para o consumidor de luxo também se traduz em estética. Serviços e profissionais ligados a atividades relacionadas ao bem-estar, à estética, à saúde e à medicina antienvelhecimento estão em alta. Esses serviços não são exclusivos para as mulheres, tendo procura também pelos homens, que movimentam ainda mais esse segmento. Além de qualidade de vida, a imagem é muito valorizada por esse público.

» Camas confortáveis, roupas fabricadas à mão e banhos aromatizados não são mais exclusividade de pessoas, mas também de animais de estimação! Isso mesmo, o mercado de luxo aposta no segmento *pet* para atrair clientes e cuidar desses pequenos seres com todo o luxo do mundo.

» Exclusividade, requinte, conforto e excelência são as buscas desse público. Um exemplo é a companhia aérea Singapore Airlines, que dispõe de primeira classe sofisticada, destacando-se das demais concorrentes. Em um *Airbus* da companhia, você pode encontrar poltronas e camas separadas, armários, refeições e champanhe à vontade. Já na primeira classe da companhia aérea Emirates Airlines, há dois chuveiros com *kits* de produtos de *spa* para que os passageiros possam chegar ao destino e ir diretamente para suas reuniões de negócios. Os passageiros contam com cabines fechadas, poltronas que viram camas com colchão e serviço de bordo disponível durante todo o voo.

Figura 2.12 – Suíte de primeira classe da Singapore Airlines

Crédito: Divulgação

Figura 2.13 – Primeira classe de um avião da Emirates Airlines

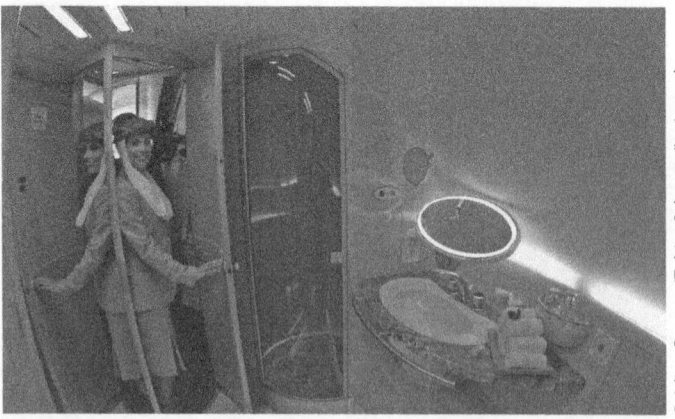

Crédito: Reuters/Tobias Schwarz/Latinstock

Como podemos ver, o número de consumidores de produtos de luxo cresce anualmente e, com ele, crescem as oportunidades oferecidas a esse segmento tão exclusivo.

A indústria do luxo mudou o modo como as pessoas se vestem, se percebem em seu meio e se reconhecem. Repare no importante e necessário trabalho de *branding* e gestão de produtos que essas marcas (mundiais, geralmente) realizam: é preciso falar "uma mesma língua" com todos os consumidores de cada país, respeitando as suas culturas locais, crenças e valores. Não é uma tarefa fácil, já que o mercado de luxo é, de fato, uma indústria com crescimento elevado, mas vale a pena aprofundar ainda mais o conhecimento tanto sobre o consumidor de luxo quanto em relação às demais oportunidades que esse valioso mercado oferece.

Para refletir

Para concluir o estudo referente ao mercado de luxo, leia a seguir o artigo de Carlos Ferreirinha, presidente da MCF Consultoria & Conhecimento, empresa especializada em ferramentas de gestão e inovação em negócios de luxo.

A democratização do Luxo

Nos últimos anos, o crescimento do Brasil levou milhares de pessoas a consumir marcas, serviços e categorias de produtos antes inacessíveis à maior parte da população brasileira. O aumento da população da elite somada à melhora da renda e ao crédito gerou uma forte mudança no perfil do consumidor.

O consumo do Luxo foi democratizado, o que nos leva a uma reflexão sobre o comportamento de consumo.

O surgimento de uma nova classe consumidora trouxe ao mercado de Luxo um novo cliente, aquele que tem acesso às mesmas categorias de produtos diferenciados, mas que traz em sua bagagem outras referências estéticas, comuns aos emergentes que representam mais da metade do consumo nacional dos dias atuais.

A classe média aumentou substancialmente no Brasil e hoje representa 50% da população brasileira. Esses consumidores possuem uma maior acessibilidade às informações e um poder de compra 13 vezes maior que a elite brasileira. Uma classe que em 2002 era representada por apenas 522 mil pessoas e hoje é representada por mais de 1 milhão de brasileiros. Esses novos consumidores são responsáveis por 78% do consumo em supermercados, 60% das mulheres que vão a salões de beleza, 70% dos cartões de crédito no Brasil e 80% das pessoas que acessam a internet, segundo dados do instituto de pesquisa Data Popular. Essa nova classe média apresenta um novo perfil de consumo. É uma classe **otimista**, que valoriza sua origem, de signos próprios que são inerentes a sua cultura, história e identidade. Possui diferentes padrões de beleza e comportamento, e não se preocupa em entender todos os signos que o produto adquirido carrega.

Além do fenômeno dos consumidores emergentes com um comportamento de compra aspiracional, o próprio dinheiro mudou de mãos. A cesta de produtos das classes também é semelhante, o que muda é a frequência de compra. O acesso foi democratizado. Produtos de Luxo, antes restritos a elite, já fazem parte da classe média brasileira, como viagens internacionais, perfumes e cosméticos, bebidas importadas, entre outros.

Um forte exemplo da democratização das marcas é a Giorgio Armani. Com o intuito de tornar a marca mais acessível, a Armani lança a Armani Exchange, uma linha de apelo democrático, moderna, urbana e casual, que mantém a elegância e sofisticação da marca Armani. A grife italiana foi uma das primeiras marcas no mundo a reconhecerem a necessidade de tornar seus produtos mais acessíveis. Uma estratégia inovadora que tornou seus produtos antes inacessíveis ao alcance dessa nova classe de consumidores que aspira a consumir a marca.

Vislumbramos ainda a democratização do acesso às informações, onde a internet democratiza o espaço de compra de produtos de Luxo e motiva o consumo aspiracional. É um movimento de R$ 273 bilhões na internet por ano, onde 50% das vendas realizadas no varejo tradicional são influenciadas por pesquisas de preço, opinião e informações sobre os produtos, realizadas na internet. A revolução do consumo, da informação e do acesso ao conhecimento.

E estamos preparados para atender a essa nova demanda? As marcas de Luxo precisam absorver novos conhecimentos se quiserem aproveitar o potencial de consumo da classe emergente brasileira para aumentar sua lucratividade. Para se aproximar destes consumidores, é preciso se democratizar, ser influentes, próximas e amigáveis, mas, principalmente, entender os consumidores e o que desejam.

As empresas podem tornar os produtos e serviços mais acessíveis aos consumidores emergentes sem perder o prestígio e o status de diferenciação. Educar os consumidores de classes aspiracionais a se aventurarem pelo consumo de marcas tradicionalmente ligadas ao segmento de Luxo e Premium.

Visando apoiar as marcas a respeitarem simultaneamente os códigos desses consumidores, bem como seu comportamento de consumo, a MCF Consultoria & Conhecimento, especializada na Gestão do mercado de Luxo e o Data Popular, referência em mercados emergentes, iniciaram uma parceria estratégica e inédita, divulgada durante o Atualuxo Brasil 2011.

A parceria tem como objetivo auxiliar as empresas a tornar os produtos e serviços mais acessíveis e educar os consumidores de classes aspiracionais a se aventurarem pelo consumo de marcas tradicionalmente ligadas ao segmento. Ambas as empresas farão uso de toda experiência adquirida nos últimos 10 anos, criando um formato único de Consultoria Estratégica no mercado Brasileiro.

No país da ascensão social, da democratização do consumo e da diversidade, as marcas que prosperam são as marcas verdadeiramente democráticas. Existe um novo hábito de consumo, um consumo diferenciado e fortemente impactado por um novo consumidor, gerando ainda mais oportunidades.

Fonte: Ferreirinha, 2011.

Mercado educacional – educação a distância (EaD)

Nesta obra, no que concerne ao mercado educacional, discutiremos questões referentes ao ensino a distância, que vem aumentando progressivamente nos últimos anos. A seguir, examinaremos os principais fatores responsáveis por essa expansão.

A democratização da informação

Vale lembrar que, em nosso estimado e amado país, segundo o Censo de 2010 do Instituto Brasileiro de Geografia e Estatística (IBGE, 2010), temos cerca de 5.565 municípios e apenas 30% desse total tem uma faculdade em funcionamento. Considere, ainda, que são aproximadamente 191 milhões de brasileiros e que o fato de existir uma faculdade (presencial) nos moldes tradicionais em um município não significa que nela seja ofertado o curso que um interessado em cursar o ensino superior deseja fazer (pode não haver demanda no local onde se encontram as faculdades).

Nos casos dos municípios muito pequenos, onde não há um curso superior a ser ofertado presencialmente em virtude do pequeno número de habitantes, não há interesse econômico em construir uma faculdade no local ou região, o que impossibilita que seus habitantes avancem além do ensino médio.

A tendência da educacação a distância (EaD) é muito positiva, pois democratiza a informação de uma maneira que todos acabam tendo acesso a algo que antigamente era um sonho inalcançável. Ter um diploma de curso superior começa a ficar mais próximo de todos que buscam por capacitação profissional e educacional.

> Um dos principais fatores que justificam o crescimento da EaD no Brasil é a **democratização do ensino** – leva-se o conhecimento a todas as regiões do território brasileiro por meio de aulas (gravadas e ao vivo), com o uso de tecnologias

da informação e comunicação existentes e em crescimento no mercado.

Fator econômico

Outro fator de fundamental importância para a viabilização da EaD é o baixo custo final para o estudante, em virtude de as aulas serem transmitidas simultaneamente para muitos alunos, que as acompanham em telessalas nos polos de apoio presencial (PAP) ou mesmo sozinhos, estudando pela internet ou assistindo a DVDs em seus ambientes privados. Por meio de tutorias locais e virtuais, os alunos contam inclusive com acesso aos livros para o aprofundamento do estudo.

Essa modalidade de educação não é recente, como inicialmente podemos imaginar. A EaD tem três séculos de existência, ou seja, enquanto ela surgia, o Brasil ainda era colônia de Portugal. E você achava que não ia falar de história por ter escolhido estudar marketing? A história faz parte da literatura sobre tendências de mercado, e portanto, do estudo de marketing.

Ainda sobre a história da EaD, Sairava (1996, p. 18) conta que, em 20 de março de 1728, o jornal Gazeta de Boston publicou, em nome do professor de taquigrafia Cauleb Phillips, que "Toda pessoa da região, desejosa de aprender esta arte, poderia receber em sua casa várias lições semanalmente e ser perfeitamente instruída".

No entanto, quando falamos de cursos superiores na modalidade a distância, estamos nos referindo a pouco mais de uma década; espécies de gibis, comercializados via correio, fizeram parte da primeira geração de EaD no Brasil. Em outros países, a EaD é bem mais antiga, até mesmo com a oferta de cursos superiores entre bacharelados, licenciaturas e cursos tecnológicos.

Verificamos uma grande tendência de crescimento da EaD, com números que nos mostram um mercado em expansão, tanto pelo setor público, que tem como objetivo democratizar a informação, quanto pela iniciativa privada, que, de acordo com o modelo proposto no capitalismo, objetiva, além de oferecer educação, certificar e buscar obviamente o fator lucro – pela grandiosidade pelo seu potencial, esse mercado é bem mais interessante para o investidor que o ensino presencial.

Leis que regulamentam o mercado educacional

» A lei maior que regulamenta o mercado educacional é a **Lei nº 9.394/1996**, denominada *Lei de Diretrizes e Bases da Educação Nacional – LDBEN* (Brasil, 1996), que foi regulamentada pelo Decreto nº 5.622, de 19 dezembro de 2005 (Brasil, 2005).

Para saber mais, acesse: <http://www.planalto.gov.br/ccivil_03/leis/l9394.htm>.

» O **Decreto nº 5.800, de 8 de junho de 2006** (Brasil, 2006), dispõe sobre a Universidade Aberta do Brasil (UAB), sistema integrado de universidades públicas que objetiva oferecer a possibilidade de graduação em nível superior para pessoas que têm dificuldade de acesso à formação universitária.

Para saber mais, acesse: <http://www.planalto.gov.br/ccivil_03/_ato2004-2006/2006/decreto/d5800.htm>.

» A **Portaria nº 4.361, de 29 de dezembro de 2004** (Brasil, 2004), é, sem dúvida, de extrema importância, uma vez que dispõe sobre o Sistema de Acompanhamento de Processos de Instituições de Ensino Superior (Sapiens), por

Para saber mais, acesse: <http://portal.mec.gov.br/seed/arquivos/pdf/port_4361.pdf>.

> meio da qual essas instituições podem protocolar seus pedidos de credenciamento ao Ministério da Educação (MEC), bem como autorização e reconhecimento de cursos superiores de graduação e pós-graduação, presenciais e a distância.
>
> » Outros decretos, resoluções e leis relativos à EaD foram posteriormente aprovados, devendo ser constante e criteriosamente observados pelas instituições que ofertam cursos nessa modalidade.

Hoje temos várias modalidades de ensino a distância: ao vivo, aulas gravadas em DVD e aulas ministradas via internet no método *e-learning*. O processo vai se ramificando cada vez mais, com o intuito de atender a mais alunos e com melhor qualidade. Esse é o maior conceito de marketing, ou seja, um mercado em constante movimento e adaptação, com inúmeros cursos oferecidos tanto na graduação como na pós-graduação.

> Há muitas instituições que oferecem cursos de graduação e pós-graduação na modalidade a distância. No entanto, as que se destacam, em qualidade e quantidade de alunos, não são tantas assim.

Para um melhor entendimento sobre esse mercado, a Associação Brasileira dos Estudantes de Educação a Distância (ABE-EaD) realiza pesquisas anuais quanto ao crescimento e à satisfação dos alunos. A Associação Brasileira de Educação a Distância (Abed) também se preocupa com a coleta desses dados, e o MEC, por meio do censo anualmente realizado, pesquisa o comportamento desse mercado em potencial, observando novos consumidores, mercados e tendências.

Como se trata de um mercado novo, ainda existe resistência de alguns segmentos do mercado de trabalho, mas isso, aos poucos, tem diminuído à medida que a EaD se estabelece. Essa diminuição de percepção negativa é decorrente do fato de ter sido observado, com base em resultados do Exame Nacional de Desempenho de Estudantes (Enade), que um aluno que se gradua na modalidade a distância apresenta resultados iguais ou por vezes melhores em relação ao aluno que se gradua presencialmente.

Engana-se quem ainda considera que na EaD o estudo é facilitado. Nesse caso, o aluno se obriga a estudar muito mais do que um aluno da modalidade presencial, por meio da leitura de livros e textos complementares, da realização constante de exercícios e de outras atividades que irão fazer parte da composição da nota de cada disciplina, que tem prazo para encerramento.

A grande virtude de um aluno na modalidade a distância é a administração do seu tempo para estudo e realização das demais atividades inerentes ao curso. Sua maior dificuldade é o trabalho solitário; porém, em muitos casos, isso acaba sendo uma vantagem para o aluno.

Geralmente, esse estudante é assessorado por um tutor no polo, como já mencionado, seja virtualmente, seja presencialmente, e, dependendo do horário, as dúvidas podem ser enviadas e respondidas *on-line*. Vale ressaltar que essa dificuldade na disponibilidade de horário também é enfrentada pelo aluno que estuda na modalidade presencial.

Nas figuras 2.14 e 2.15, você pode ver a estrutura e o ambiente encontrados no momento de gravação de aulas para a EaD.

Figura 2.14 – Equipe de filmagem
atuando na gravação de uma aula

Crédito: Roberto Querido

Figura 2.15 – Prof. Achiles Ferreira Junior
em estúdio de educação a distância.

Crédito: Roberto Querido

A modalidade de EaD veio para ficar e, com o constante investimento em tecnologia, o acesso à informação, as mudanças de paradigmas e a nova visão do mercado em relação aos egressos dessa modalidade, o mercado EaD tende a crescer exponencialmente nas mais variadas áreas do conhecimento.

Mercado cultural

Já de imediato, é correto afirmar que o contexto do marketing cultural tem como intuito básico explorar cada vez mais uma melhor associação da marca do produto ou mesmo do serviço a eventos culturais, gerar mídia espontânea e indicar quais são os benefícios fiscais mais adequados para cada caso.

Pensando de uma forma mais abrangente, o marketing cultural nada mais é do que uma **ferramenta de apoio na comunicação** que, se aplicada com critério e seriedade, oferece maiores vantagens para os patrocinadores. Vale destacarmos que, desde 1994, o número de empresas que mudaram sua visão e passaram a investir em cultura mais que sextuplicou e cada vez mais pessoas ingressam nesse mercado contemporâneo.

2.16 – Exemplo de serviço do mercado cultural

> De acordo com uma pesquisa realizada por Alves et al. (2013), o cinema brasileiro se expandiu muito nos últimos anos e é crescente o número de produções nacionais realizadas graças ao incentivo que o governo oferece às produtoras e aos profissionais do segmento. Com isso, as empresas patrocinadoras também têm se beneficiado, pois há leis relacionadas ao incentivo à cultura.

A seguir, apresentamos algumas das leis e programas mais relevantes no que se refere ao mercado cultural, segundo o *site* Quero Incentivar (2013):

- **FazCultura/BA** (Bahia, 1996)
- **Lei de Incentivo à Cultura – LIC/RS** (Rio Grande do Sul, 1996)
- **Lei Estadual de Incentivo à Cultura/MG** (Minas Gerais, 2008)
- **Lei Paulista de Incentivo ao Esporte** (São Paulo, 2009)
- **Programa de Ação Cultural – ProAC** (São Paulo, 2006)
- **Fundo Municipal dos Direitos da Criança e do Adolescente – Fumcad** (Brasil, 1990; São Paulo, 1992)
- **Lei de Incentivo ao Esporte** (Brasil, 2006)
- **Lei do Audiovisual** (Brasil, 1993)
- **Lei Rouanet** (Brasil, 1991)

Para refletir

[...]

Segundo a Agência Nacional do Cinema (Ancine), no ano de 2011 as produções estrangeiras tiveram um lucro líquido de 1,27 bilhão de reais enquanto as produções nacionais obtiveram uma renda de 163 milhões de reais. [...]

Incentivar produções audiovisuais nacionais tem sido muito vantajoso, segundo fontes de pesquisas da Ancine (2010) em que os dados mostraram que as produções nacionais tiveram um aumento na sua qualidade e, consequentemente, obtiveram recordes de bilheteria gerando lucro significativo. As empresas que formaram parcerias ganharam mais notoriedade e tiveram benefícios em relação aos impostos pagos. [...]

Para começar a captação, a empresa deve inscrever seu projeto em um edital, e se aprovado a produtora recebe o capital para desenvolver a produção, este método é conhecido como Prêmio. A Petrobrás é uma das empresas que mais abrem editais neste formato.

Outra maneira é o mecenato, que consiste em conseguir autorização para captar recursos. [...]

Existe um terceiro método para financiar as produções, por meio do Fundo Setorial, que é um financiamento em que se parcela em longo prazo [...]. E por último tem o Funcine, que funciona como uma bolsa de valores [...].

Essa modalidade de marketing tem por finalidade fixar a marca de uma empresa, usando eventos culturais para transmitir a seus consumidores, colaboradores e público-alvo uma imagem de uma instituição socialmente engajada, que se preocupa em enriquecer o nível sociocultural da sociedade que está a sua volta. O objetivo é um retorno financeiro, porém é importante saber que ele vem em longo prazo. Com isso, o

> fator "lembrança da marca" é valorizado, principalmente no momento da compra [...]. Além disso, as empresas podem ter a certeza de que os impostos estão sendo bem investidos e nos setores que mais lhe interessam.

Fonte: Alves et al., 2013, p. 2-4.

Síntese

Neste capítulo, você pôde conhecer um pouco mais sobre alguns mercados e suas peculiaridades. As características de cada mercado são essenciais para a análise das tendências, pois somente com essas informações é que podemos entender quais são as principais mudanças que ocorrerão nos próximos anos.

Questões para revisão

1. O que é administração legal?
    a. É o conjunto de áreas estratégicas que integram a rotina de um escritório de advocacia.
    b. É uma disciplina do curso de Direito.
    c. É uma forma de administrar o marketing jurídico.
    d. É uma lei que regulamenta os escritórios de advocacia e sua atuação.
    e. É a função atribuída ao profissional que administra o escritório de advocacia.

2. São consideradas marcas de luxo:
   a. C&A, Zara, Havaianas e Chili Beans.
   b. Gucci, Armani e Louis Vuitton.
   c. Quaisquer marcas internacionais que tenham preços elevados.
   d. Quaisquer marcas que tenham como público-alvo a classe B.
   e. Marcas integrantes de grupos que atuam com outras marcas de luxo, como o Grupo LVMH, que é proprietário da marca Louis Vuitton.

3. Qual é o objetivo principal do marketing cutural?

4. Destaque os principais benefícios do mercado digital.

5. Quais fatores influenciaram a expansão da educação a distância (EaD)?

Questões para reflexão

1. Com base na leitura deste capítulo, liste as características do mercado de luxo e do mercado educacional. Quais são as principais características e tendências desses segmentos?

2. Em dupla, escolha um dos mercados abordados neste capítulo. Pense e analise: além do que já comentamos, haveria outras tendências para esse mercado? Ao finalizar, discuta com seu colega sobre as tendências de outros mercados.

Para saber mais

CONFIRA o ranking das faculdades particulares que oferecem cursos a distância. UOL, 5 jun. 2012. Disponível em: <http://educacao.uol.com.br/noticias/2012/06/05/confira-o-ranking-das-faculdades-particulares-que-oferecem-cursos-a-distancia.htm>. Acesso em: 26 abr. 2013.

Esse texto traz o ranking das faculdades brasileiras que oferecem cursos de EaD, divulgado pela ABE-EaD.

MCF CONSULTORIA E CONHECIMENTO. Disponível em: <http://www.mcfconsultoria.com.br/website/conteudo/artigos>. Acesso em: 17 set. 2013.

Nesse *site*, você encontrará artigos sobre mercado de luxo e demais informações para complementar seu estudo.

SELEM, BERTOZZI & CONSULTORES ASSOCIADOS. Disponível em: <http://www.estrategianaadvocacia.com.br/>. Acesso em: 17 set. 2013.

O *site* da Selem, Bertozzi & Consultores Associados disponibiliza artigos para a gestão estratégica de escritórios de advocacia. Se você deseja entender mais sobre gestão legal, esse é o canal.

parte 2
consumo e *branding*

Introdução

Estando em constante evolução, o mundo nos apresenta vários exemplos de mudança entre os hábitos de consumo dos indivíduos, bem como diversos tipos de acesso à informação. Pense em acesso a esse conteúdo de uma forma diferente. Imagine tudo ao mesmo tempo: mobilidade, desejos, necessidades distintas... E no que se refere à independência financeira das mulheres? Isso deixou de ser algo utópico e influencia todo o processso econômico.

Estudar mercado é estar sempre atento. Faça uma prática de análise na sua próxima ida ao *shopping*. Perceba que os consumidores são motivados de vários modos. Observe o número de pessoas que portam um *smartphone* em uma praça de alimentação, por exemplo. Essas pessoas estão sentadas à mesa, muitas vezes junto a famílias ou grupos e não trocam ao menos uma palavra – estamos nos referindo a olhar nos olhos e conversar, e não dialogar via aplicativos como o WhatsApp ou o *chat* do Facebook®. Nesse contexto, podemos discutir valores e nos lembrar dos tempos em que as pessoas conversavam "de verdade".

E sobre o público masculino? Podemos pensar em grandes transformações? A resposta é "sim"! O homem de hoje se mostra mais interessado em moda, cosméticos, higiene e qualidade de vida. Trata-se do mesmo homem, mas com um olhar diferenciado em relação ao seu consumo. Ainda assim, vale lembrar que as mulheres ainda são a maioria no que diz respeito a consumo e, principalmente, à influência em compras.

Quando falamos de consumo, estamos falando do cotidiano. Em sua casa, por exemplo, você com certeza já vivenciou uma experiência de grande apego a bens materiais. Quer saber como? Digamos que em sua casa há uma sala (muitos a conhecem por "quartinho da bagunça", "despensa", "cantinho"), um lugar em que são "jogadas" as coisas que já não têm mais serventia. Pois bem, veja que nesse local você irá encontrar produtos como barbeador estragado, rádio-relógio, liquidificador quebrado ou videocassete. Todos esses exemplos nos remetem a um consumidor ainda muito relacionado a um passado recente – década de 1980, início dos anos de 1990 –, em que a inflação era altíssima e o poder de compra era bem menor. Vivemos em uma sociedade de consumo em que, na maioria das vezes, é mais caro mandar consertar do que comprar um produto novo. Isso é também tendência.

Assim, leia com atenção à segunda parte deste livro e depois reflita: "Estamos no caminho certo ou não?".

capítulo 3
o consumidor e suas características

Conteúdos do capítulo
» Consumidor feminino.
» Consumidor masculino.
» Consumo cooperativo.
» *Emotional consumer.*

Após o estudo deste capítulo, você será capaz de:
1. entender as características de alguns tipos de consumidores e suas tendências de consumo;
2. compreender o consumidor feminino e suas principais características;
3. reconhecer as diferenças entre consumidor feminino e consumidor masculino;
4. compreender os tipos de consumo que norteiam a decisão de compra.

Consumidor feminino

Nunca se falou tanto em consumo feminino como nos últimos tempos. A própria presidente Dilma Rousseff declarou, em plena abertura da 66ª Assembleia Geral da Organização das Nações Unidas, que "este será o século das mulheres". No entanto, algumas empresas (pequenas, médias e grandes) ainda não estão preparadas para entender como funciona esse complexo universo feminino, cujo mercado é imenso e no qual o Brasil ocupa a décima posição (Mind, 2010).

Ao entrar no mundo feminino, devemos levar em consideração principalmente os aspectos emocionais que envolvem a compra, a situação em que a consumidora se encontra, suas necessidades e desejos e, ainda, sua relação com a marca.

Por isso, é tarefa essencial do marketing fortalecer cada vez mais o *branding* de uma forma sólida e trabalhar estrategicamente todas as ferramentas necessárias para criar laços com a consumidora. Mulheres confiam em relacionamentos, em marketing boca a boca e não querem ser vistas como "números".

A nova consumidora tem hoje o domínio do processo de compra, sendo responsável pelas suas compras individuais e pela compra familiar. Nesse montante, elas controlam 66% do consumo, montante que equivale a mais de R$ 1,3 trilhão (Mind, 2010). Nem sempre elas são detentoras de todo o poder aquisitivo em si, mas são as que tomam a decisão final de compra.

É, sem dúvida, uma oportunidade e, ao mesmo tempo, um desafio trabalhar com a nova consumidora, pois ela:

» tem mais informações sobre produtos e serviços que os homens;
» está mais disposta a realizar pesquisas antes de efetuar a compra;
» busca outras opções/produtos substitutos;
» é mais insatisfeita e troca facilmente de marca;
» é responsável pelo crescimento no mercado de beleza/estética;
» é influente ao falar bem ou mal de um produto ou serviço para pessoas de seu convívio.

No contexto do mercado feminino, há ainda oportunidades e tendências que devem ser mais exploradas, como:

- » trabalhar produtos e serviços para mulheres solteiras;
- » considerar aspectos importantes da vida da mulher, como o casamento, o nascimento de um filho e a formatura;
- » criar aplicativos eficientes para a mulher executiva, já que nesse grupo de consumidoras existe a busca incessante por conciliar o trabalho, a vida pessoal e a família.

As empresas que estiverem atentas aos detalhes se destacarão, pois a nova consumidora é extremamente detalhista e sua participação nas tomadas de decisão é cada vez mais notável.

É importante lembrar que essa consumidora é adepta de novidades e está sempre atenta ao mercado. Ela exige prestação de serviços de excelência e pré-compra e pós-compra exemplares, ou seja, a empresa deve encantar a consumidora não somente durante a venda, mas também antes e depois, criando, assim um relacionamento com essa potencial cliente.

A empresa precisa trabalhar uma visão holística para essa consumidora, que, muitas vezes, por um atendimento inicial ruim (má prestação de serviços no pré-compra, por exemplo), deixa de adquirir o produto. A nova consumidora apresenta um perfil que valoriza o relacionamento; portanto, um péssimo atendimento pode criar uma impressão negativa sobre toda a marca.

Casotti, Suárez e Dias Campos (2008, p. 77) nos lembram de que "consumidoras não nascem sabendo consumir. Elas aprendem a consumir. No caso dos produtos de beleza, elas aprendem com outras mulheres, com profissionais de beleza, com os próprios produtos, com a propaganda e com os meios de informação".

A consumidora feminina é vaidosa por natureza, e isso independe da cultura ou do país. Petterle e Maletta (2010, p. 41) informam que "o Brasil é o terceiro maior mercado consumidor de cosméticos do mundo, ficando atrás apenas dos Estados Unidos e do Japão. O cuidado com a beleza se apresenta como uma das atividades mais comuns entre as mulheres, não importando a idade, a renda ou a localização". Um exemplo desse crescimento é a empresa Avon, que tem revendedoras em praticamente todo o país.

Para a consumidora, a riqueza está nos detalhes. Então, fique atento a eles, crie um relacionamento e trabalhe seu *branding* de forma sólida e duradoura. Esses são os três pontos principais para trabalhar com a nova consumidora.

Consumidor masculino

Foi-se o tempo em que moda, vaidade, revistas, propagandas e cosméticos eram exclusividade das mulheres e o consumidor masculino comprava apenas gel para cabelo, perfume e desodorante. Assim como no mercado feminino, cresce a busca por produtos de beleza e cosméticos para o público masculino. Basta fazer uma simples análise: quando for ao mercado, entre na seção de higiene e veja os inúmeros produtos disponíveis para o consumidor masculino. Você encontrará desde hidratantes e bases para unhas até tintura para cabelos.

No ambiente do marketing, no entanto, um fato importante deve ser analisado: "mulheres e homens não são iguais e utilizar as mesmas estratégias de marketing para atingi-los significa, no mínimo, perder por pouco ou morrer na praia", afirma Barletta (2006, p. 53).

Se as estratégias devem ser diferentes – embora em nosso exemplo a busca por produtos de beleza por ambos os consumidores tenha crescido –, o que podemos considerar no universo masculino? Destacamos alguns itens para você:

» O público masculino é prático e observa primeiramente o fator **preço**.

» Embora encontremos hoje uma gama extensa de produtos (com o seu desodorante Rexona, por exemplo, a Unilever obtém aproximadamente 11 versões distintas do produto), o público masculino tende a ser mais fiel a um produto/marca, diferentemente da mulher.

» O mercado para esse público ainda é pouco explorado.

E o consumo masculino não fica somente na linha de cosméticos, esportes, tecnologia ou automóveis. Novas oportunidades de negócios também surgem com o crescimento desse público e de situações específicas que ele vivencia. É o caso de uma empresa em Nova Iorque, Estados Unidos, que atentou para o fato de que o número de casais separados que têm filhos menores é grande. Essa empresa então orienta pais que recebem seus filhos aos finais de semana sobre a forma como estes devem ser educados, além de quais atividades podem fazer juntos e até mesmo que tipo de alimentação servir.

Mais do que prestar atenção à categoria do consumidor, é importante notar o estágio de vida em que ele se encontra. No contexto do mercado masculino, encontramos subgrupos que têm necessidades e desejos distintos, dada a situação em que aquele consumidor se encontra, como ser viúvo, homossexual, recém-divorciado, recém-casado, solteiro convicto, profissional que viaja muito ou pai que cuida de filhos enquanto a mulher exerce sua profissão. Dentro de cada subgrupo, haverá, então, uma situação e diversos fatores psicológicos que determinarão a compra de um produto ou serviço.

O consumidor já não é mais visto como um número, um gráfico, uma faixa etária, uma posição social. Outros estágios interferem muito mais no processo de decisão de compra. Nessa nova sociedade, perceba também o crescimento de cursos na área da gastronomia, em que muitos dos *chefs* de cozinha são homens (a preconceituosa expressão "pilotar fogão" não traduz mais uma atividade exclusiva das mulheres). Muitos homens se saem maravilhosamente bem na cozinha!

Abrir a mente para novas ideias, não julgar e não ter "pré-conceitos" são requisitos básicos para essa grande mudança que o mundo está nos proporcionando.

Consumo cooperativo

Você compartilharia o seu carro? Você possui em sua casa um CD ou DVD a que não assiste há muito tempo, mas que não tem coragem de jogar fora?

Essas são duas perguntas essenciais que resumem o consumo cooperativo, tendência que se tornou muito forte nos Estados Unidos e que, aos poucos, ingressa no mercado brasileiro.

Segundo Botsman e Rogers (2011, p. 68), "a capacidade ociosa refere-se ao valor significativo de determinado objeto em relação ao seu proprietário". Em outras palavras, é a capacidade de você trocar determinado produto que não deseja mais com outro consumidor que possui um produto que você deseja ou a possibilidade de locar o seu produto no momento em que ele se encontra ocioso, a fim de obter uma renda extra.

O consumo cooperativo, também chamado de *consumo compartilhado*, é a nova tendência que deve ser analisada. Esse sistema de "troca", que geralmente ocorre por intermédio de um *site*/empresa, chama-se *swap trading*, termo que surgiu do *site* americano **SwapTree**, lançado em meio a uma crise nos Estados Unidos.

> Para saber mais, visite: <http://www.swaptree.com>.

A ideia desse *site* é a de que os usuários troquem entre si produtos que não desejam mais, criando, então, o que chamamos de *consumo colaborativo*. É, de fato, uma revolução no consumo, e cada empresa deve atentar para o crescimento desse negócio.

O consumo colaborativo tornou-se crescente com o advento da tecnologia e principalmente da internet. Outro fato importante é que a mudança de geração trouxe esse conceito, segundo o qual o mais importante não é mais o "ter", mas o "compartilhar". Por isso, *sites* como Facebook®, no qual você compartilha conteúdos e fotos com quem lhe interessa, e Wikipédia, em que diversos usuários colaboram com a criação de conteúdos para uma enciclopédia *on-line*, são exemplos que fazem parte dessa "revolução no consumo". O modelo já não é mais o mesmo, pois o consumidor, o consumo, a propaganda e as mídias mudaram. O desejo de posse está cedendo espaço entre os consumidores ao desejo de ter uma experiência com novos produtos.

> Para saber mais, visite: <http://www.getaround.com>.

Outro exemplo bastante interessante de consumo colaborativo é o *site* americano **Getaround**. A proposta vem da seguinte lógica de pensamento: você possui um carro que fica "parado" durante 12 horas por dia; você pode, então, locá-lo durante o período em que ele fica ocioso. Partindo dessa premissa, usuários do Getaround cadastram seu veículo e o perfil do locador e locam seus carros por hora.

Figura 3.1 – Site do Getaround

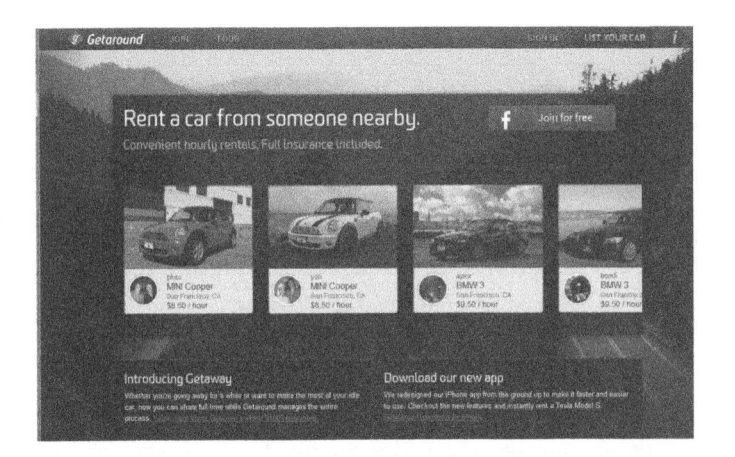

É importante ressaltar que o consumo cooperativo tem características culturais e, principalmente, econômicas. Em um mundo em que "o que é meu pode ser seu", como as empresas deverão comportar-se? Como irão focar suas estratégias, que deverão ser adaptadas a esse novo modelo? Como serão as propagandas?

A grande verdade é que as empresas deverão reinventar-se e adaptar-se. **Adaptabilidade é o nome do jogo.**

Emotional consumer

Em nossa sociedade atual de consumo, de novos consumidores exigentes e midiáticos, encontramos um consumidor muito especial: o *emotional consumer*, ou também chamado *consumidor hedonista*.

Mas, afinal, o que é consumo hedonista?

Hedonismo é uma palavra de origem grega que significa "prazer", "vontade". Ou seja, o consumo hedonista caracteriza-se pelo princípio do prazer e do consumo de produtos e serviços que o proporcionem. Esse consumo deixa de ser uma atitude para resolver uma necessidade e transforma-se em desejo de felicidade, mesmo que momentânea.

Podemos afirmar que todos nós somos consumidores hedonistas? Não, pois "ser" assim significa consumir todo produto e serviço por prazer e a todo instante. O que podemos afirmar é que o consumidor se torna hedonista diante de uma situação, isto é, ele pode "estar" hedonista em determinado momento, mas não "ser".

A principal característica do consumo hedonista é a busca por prazer imediato, que pode estimular todos os aspectos emocionais no momento da compra.

> Um exemplo muito claro de consumo hedonista pode ser exposto do seguinte modo: depois de um expediente de trabalho, uma consumidora resolve ir ao *shopping* passear. Geralmente, esse passeio lhe custa um produto que ela adquire durante o caminhar pelos corredores. Mas a consumidora passa em frente a um salão e pensa: "Vou fazer as minhas unhas e arrumar o meu cabelo, porque eu mereço". Fica evidente nesse caso que essa consumidora buscou naquele momento um serviço que lhe proporcionasse esse prazer.

Não podemos confundir consumo hedonista com consumo por impulso, já que este é caracterizado pela compra de um determinado produto ou serviço por outros estímulos e técnicas, como a promoção. Ainda, o consumo por impulso vem acompanhado daquele "peso na consciência" pós-compra: "Gastei mais do que devia" ou "Eu não precisava dessa camisa, mas agora já foi".

Destacamos o consumidor hedonista como aquele indivíduo que busca a experiência como fator resultante de prazer. Essa busca é, inclusive, por novas experiências, já que geralmente esse consumidor é dotado de emoção e sensibilidade, além de ter necessidade de conhecer e compartilhar. É, de fato, um consumidor "antenado" a todos os estímulos que estão à sua volta e ativo nas mídias sociais.

Para esse consumidor, as empresas devem estar atentas ao *design* e a experiência como diferenciais. Uma vez que são mais emocionais, a tendência é a de esses consumidores observarem aspectos visuais em primeiro lugar e, para fidelizá-los, investir em *branding experience* é uma estratégia extremamente eficaz, já que, para criar a experiência com a marca, é necessário aguçar todos os sentidos e percepções desse consumidor – o sentir, o relacionar e, principalmente, o emocionar.

A correria e o estresse diários fazem com que a busca pelo prazer amplie e, na mesma proporção, nascem novas tendências e oportunidades de negócios para o consumidor.

Síntese

Neste capítulo, você pôde analisar melhor algumas tendências de mercado com base no público-alvo dos diferentes mercados.

Para tanto, apresentamos algumas observações a respeito do comportamento do consumidor, atentando para questões como comportamento, gênero e idade.

Questões para revisão

1. Quais são as principais características do consumidor feminino?

2. O consumo compartilhado é uma tendência que deve ser analisada e pensada. Esse sistema de troca, que geralmente ocorre por intermédio de um *site*/empresa, o *swap trading*, também pode ser chamado de:
   a. consumo cooperativo.
   b. consumo hiperativo.
   c. consumo associativo.
   d. consumo relacional.
   e. consumo feminino.

3. Qual é a principal característica do *emotional consumer*?

4. Pense na seguinte cena: depois de um expediente de trabalho, uma consumidora resolve ir ao *shopping* passear. Geralmente, esse passeio custa a ela alguns produtos e serviços durante o caminhar pelos corredores. A consumidora fica satisfeita com a compra que, no momento, era algo que acreditava que

merecia. Fica evidente nesse caso que essa consumidora buscou, naquele momento, um serviço que lhe proporcionasse prazer. Trata-se de um exemplo muito claro de:

a. consumo hedonista.
b. consumo hibridismo.
c. endomarketing.
d. *benchmarking*.
e. *merchadising*.

5. Este público tende a ser mais fiel a um produto/marca e o mercado para ele é considerado ainda como pouco explorado. Estamos falando do público:

a. masculino.
b. GLBT.
c. metrossexual.
d. feminino.
e. da melhor idade.

Questão para reflexão

Com base na leitura deste capítulo, liste as principais características do mercado de consumo feminino e do mercado de consumo masculino. Quais são as principais semelhanças e diferenças entre eles?

Para saber mais

RIEPING, M. **Consumidores hedonistas**: quem são e como compram?, 21 mar. 2012. Disponível em: <http://www.administradores.com.br/artigos/marketing/consumidores-hedonistas-quem-sao-e-como-compram/62323/>. Acesso em: 17 set. 2013.

Nesse artigo, você encontrará mais informações sobre o consumidor hedonista, suas características e a forma como as empresas e os profissionais podem explorar esse tipo de consumo em suas estratégias de marketing e comunicação.

capítulo 4
branding e
coolhunting

Conteúdos do capítulo
» A essência do *branding*.
» *Branded content*.
» *Design* como estratégia e diferencial competitivo.
» *Coolhunting*.
» Mapeamento de novas tendências.

Após o estudo deste capítulo, você será capaz de:
1. entender mais sobre o processo de *branding* e perceber por que as pessoas tendem a confundi-lo com criação ou *design* do logotipo de uma marca;
2. reconhecer o *branded content*;
3. utilizar o *design* como estratégia e diferencial competitivo no cotidiano do seu trabalho.
4. entender mais sobre o processo de *coolhunting*, um termo novo, jovem e quase nada explorado em nossa cultura organizacional;
5. mapear novas tendências de mercado.

A essência do *branding*

Se você digitar em um *site* de buscas a palavra *branding*, encontrará diversos artigos. Indo um pouco mais além, se buscar as palavras-chave *branding* e *empresas*, você encontrará uma enorme lista de agências de comunicação e *design*, assessorias de imprensa, entre outros serviços. E aí a confusão está feita.

O que é *branding*, afinal?

A maioria das pessoas confudem *branding* com a criação/*design* do logotipo de uma marca. Definimos *logotipo* como a representação gráfica da marca, mas *branding* não é a identidade visual da marca. Ele vai além, sendo um conjunto de sentimentos, tanto possitivos quanto negativos, que determinada marca causa nos consumidores.

O *branding* traz valor, posicionando-se na mente e no coração dos consumidores. Ele também é muito mais profundo que o marketing, pois não existe forma de fazer este sem pensar naquele, na estratégia e no valor da marca.

> Todos nós temos uma marca preferida, não é? No entanto, por quais razões essa ou aquela marca é, de fato, a "nossa" marca? Como passou a fazer parte de nossa vida?

Apesar de a marca ser um bem intangível, ela possui valor. A companhia internacional Interbrand todos os anos realiza o *ranking* das melhores marcas globais e de valor, o chamado *Top 100 Brands*, que pode ser consultado integralmente no *site* da empresa (Interbrand, 2013). No *ranking* de 2012, a marca Coca-Cola® ocupa a 1ª posição, enquanto sua principal concorrente, a Pepsi, encontra-se na 22ª posição.

O *branding* deve aproximar as empresas dos consumidores, criando laços e experiências e interagindo com eles. Além disso, o *branding* requer o envolvimento não somente das agências de comunicação, dos *designers* e dos departamentos de marketing, mas dos executivos e de todos os demais departamentos de uma empresa, inclusive internamente, por meio da cultura da instituição e dos clientes internos.

> Uma estratégia de *branding* começa de "dentro" para "fora" de uma empresa. Incluir o departamento de recursos humanos/gestão de pessoas não é uma loucura, é um posicionamento estratégico.

Figura 4.1 – Coca-Cola em diferentes embalagens

Crédito: Divulgação

    Observe a Figura 4.1, em que o *branding* vai além do *design*: a Coca-Cola não "vende" refrigerante, "vende" felicidade. Esse é seu posicionamento estratégico. Dessa forma, a Coca-Cola se consolida como uma das principais marcas, criando valores, sentimentos e relacionamentos com seus consumidores, além de identidade e, principalmente, identificação. Ou seja, o *branding* é a soma do *naming* (criação do nome da empresa) com sua identidade visual e suas experiências.

Branded content

No mesmo processo de criação e envolvimento com a marca nasce o *branded content*, também conhecido como *branded entertainment*: a marca criando conteúdo para o consumidor.

Esse conteúdo pode ser voltado para televisão, internet, cinema, eventos, materiais impressos, *shows*, entre outros. O objetivo do *branded content* é criar conteúdos que formem um laço emocional com o consumidor. Na era da internet e do consumo compartilhado, esse posionamento é cada vez mais essencial para a marca interagir com os diversos consumidores.

A marca pode criar uma estratégia de *branded content* para público e mídia específicos, como é o caso da bola da marca Wilson, apresentada no filme *O náufrago* (2000): o produto criou um laço emocional com o personagem; lembrar-se da bola Wilson é lembrar-se do filme.

Figura 4.2 – Bola Wilson: um exemplo de estratégia de *branded content*

Crédito: 20th Century Fox Film Corp/Latinstock

A criatividade é essencial para esse tipo de prática. Devemos salientar também que o *branded content* é diferente do tradicional *merchandising* realizado em novelas ou programas no molde *reality show*. Sua principal característica é a informação e a apresentação destacada do produto como técnica de marketing. O *branded content* aparece ao consumidor de forma muito sutil e até mesmo discreta, se comparado às demais estratégias de *branding*.

Design como estratégia e diferencial competitivo

Você já reparou no sucesso da multinacional Apple? Se você perguntar a um "applemaníaco" o porquê de ele gostar tanto dos produtos da Apple e de um de seus idealizadores, Steve Jobs, certamente ele lhe dará respostas como: "É inovador", "É leve e *clean*", "É rápido, diferente e bonito", "Não me vejo utilizando outra máquina" ou "A Apple sempre está à frente dos demais concorrentes". Isso acontece porque a Apple inova e contempla em sua filosofia dois pontos importantes, conforme Morace (2009, p. 8):

> O sentido do design se sobrepõe ao desafio da inovação e multiplica os seus significados, segundo uma lógica que se estabelece em dois pontos:
> » Design como sentido criativo no mercado: O design thinking do consumidor e sua capacidade de escolher, interpretar e combinar livremente.
> » Design como sentido criativo da empresa: sustentados pela necessidade, novos valores, reposicionamento.

O *design* deve estar presente tanto para o mercado quanto para a empresa. É o olhar interno e externo do negócio. Já dizia Steve Jobs que "o design não é apenas o que parece e o que se sente. Design é como funciona" (Palmeiras, 2011). Isso vale para todos os tipos de *design*: produto, embalagem, projeto ou *store* (loja). Ele cria desejo, valor e torna-se competitivo, sendo sempre macro e reinventado.

Um exemplo interessante de reinvenção é, sem dúvida, o produto Nescau, que teve o *design* de sua embalagem reinventado, acompanhando as tendências do mercado e do seu consumidor. Acesse o *site* de busca Google, clique em *Imagens*, digite "evolução das embalagens de Nescau" e verifique as mudanças na embalagem do produto desde a época de seu lançamento, em 1932.

O Nescau é um produto que existe há 81 anos no mercado. É um exemplo de produto que superou seu ciclo de vida por meio de reinvenções constantes, de acordo com o consumidor de cada época. Ele traduz de forma simples e funcional (como Steve Jobs nos alertou que deve ser) os atributos do produto no *design*.

Como já afirmamos nesta obra, os consumidores estão cada vez mais emocionais e visuais, buscando sempre a identificação com empresas, produtos e serviços. Apostar e investir no *design* para atingir os objetivos organizacionais, além de ser estratégico, é essencial para o novo mercado em que estamos.

Para refletir

Design, Pós-Modernidade e o conceito de marca mutante: uma visão contemporânea para a nova gestão estratégica de uma empresa líder no ramo têxtil catarinense – *case* Tecnoblu

Introdução

Os efeitos da nova era tecnológica e do mundo globalizado se fazem presentes na atualidade e são várias as suas principais características. Entre elas, pode-se enfatizar a mutação, a velocidade, a conectividade e a colaboração. Elas impulsionam a inovação e o crescimento e atingem todos os setores da sociedade, como o cultural, o político e o econômico. Como consequência, essas mudanças alcançam as empresas que têm como preocupação adequar-se às circunstâncias do mercado atual.

A empresa alvo deste estudo é a catarinense Tecnoblu, especializada no desenvolvimento de etiquetas, tags diferenciados e complementos para a indústria da moda.

Ao completar seus 18 anos de existência e atendendo praticamente todo o mercado de moda do Brasil, a Tecnoblu dá sinais de que precisa adequar-se aos novos paradigmas culturais e, consequentemente, comunicacionais do momento que vive. Através de uma pesquisa, notou-se que a empresa necessita alinhar seu discurso com o público consumidor e estreitar relacionamento com os diversos segmentos aos quais atende. Para Batey (2010, p. 31), "uma marca é um agrupamento de significados", e embora a natureza desses significados evolua com o tempo, a marca continua sendo um agrupamento deles. Portanto, enquanto identidade visual, a marca da Tecnoblu baseia-se no imaginário coletivo de seu público para representar, através da imagem, determinados valores da empresa.

Alinhar a comunicação de uma empresa, cujo produto e segmentos de mercado são tão variados, passa a ser objeto de estudo deste artigo. [...]

A pós-modernidade e as marcas mutantes

A pós-modernidade é definida por estudiosos da área como a época das incertezas, das fragmentações, das desconstruções e da troca de valores. É a condição sociocultural e estética que prevalece no capitalismo contemporâneo após a queda do Muro de Berlin e a consequente crise das ideologias que dominaram o século XX.

[...]

Na pós-modernidade de Hall (2006, p. 13), as paisagens culturais fragmentadas (de classe, gênero, sexualidade, etnia, raça e nacionalidade) estão alterando as identidades pessoais do indivíduo que vive a globalização, chamado de "sujeito pós-moderno":

> *O sujeito assume identidades diferentes em diferentes momentos, identidades que não são unificadas ao redor de um "eu" coerente. Dentro de nós há identidades contraditórias, empurrando em diferentes direções, de tal modo que nossas identificações estão sendo continuamente deslocadas.*

O surgimento do indivíduo pós-moderno, assim como apontam Kreutz (2009, p. 93), e suas necessidades moldadas pelas tecnologias de informação e comunicação, só poderão ser supridas por marcas que mostrarem um novo comportamento:

> *Na cultura contemporânea (ou na instabilidade cultural contemporânea), algumas pessoas não acreditam mais em versões únicas e imutáveis, pois essa evolução faz surgir um novo ser humano que se funde às novas tecnologias, que tem novas*

necessidades e nova maneira de ver o mundo. Da mesma forma, as marcas apresentam um novo comportamento.

São características de marcas mutantes, uma prática comunicacional contemporânea: aberta, inovadora, artística, indeterminada, subjetiva, um jogo de ecletismos (Kreutz, 2009, p. 93).

O conceito de marca mutante tem origem na pós-modernidade e se caracteriza por ser uma importante tendência de gestão estratégica de marcas. Para Kreutz & Fernández (2010, p. 1) "a mutação é a natureza emocional da marca que provoca uma identificação de seu público e uma interação com ele." A marca mutante é uma prática comunicacional atual, que se divide entre dois conceitos: programado e poético.

As marcas mutantes programadas são aquelas cujas determinadas variações/mutações ocorrem por um tempo também determinado. Como exemplo de marca mutante programada pode-se citar a Eletronic Arts, empresa dedicada a jogos para computadores e videogames, fundada em 1982, nos EUA. Sua identidade muda de acordo com os jogos: cores, texturas, entre outras mutações.

As marcas mutantes poéticas são aquelas cujas variações ocorrem espontaneamente, sem regras pré-determinadas, obedecendo apenas ao intuito criativo do designer, mas gerando uma comunhão com o espectador que interage para interpretá-la, como a MTV, Google, Melbourne, entre outras.

A intenção da prática comunicacional das marcas mutantes é explicada por Gobé (2007, p. 56), que afirma que o fenômeno pós-moderno coloca as pessoas no centro da experiência e desafia qualquer dogma rigoroso no mundo do *branding*.

Figura 1 – Logos EA – Um exemplo
de marca mutante programada

[...]
A influência da tecnologia nos modos de vida e nas formas de pensar é apontada pelos estudiosos Morace (2009) e Llussá (2003) como um dos principais causadores das paisagens culturais fragmentadas da pós-modernidade.

As pessoas habituadas a usar as tecnologias de comunicação e informação se acostumam com a diversidade de escolhas e podem acabar não admitindo mais o uso de produtos que não permitem customizações. Alguns grupos de pesquisa, como o **Nomads USP**, têm procurado explorar conceitos advindos do campo da virtualidade em seus trabalhos e reflexões, analisando e sugerindo projetos de pesquisa situados em um contexto no qual a interatividade é explorada em diferentes níveis, visando prioritariamente a criação de contextos em que o homem seja mais do que observador.

> Nomads USP – Núcleo de Estudos de Habitares Interativos da Universidade de São Paulo. Disponível em: <http://www.nomads.usp.br>. Acesso em: 4 nov. 2013.

> O movimento pós-moderno desafia o status quo e se concentra nas experiências emocionais, nas oportunidades decorativas e na tecnologia que compõem nossa vida. Tem a ver com a evolução da sociedade e com as pessoas e suas sensações. A cultura pós-modernista reforça o movimento humano e a descoberta. (Gobé, 2007, p. 53)

A solução adequada para qualquer projeto comunicacional desenvolvido no cenário cultural pós-moderno deverá colocar o homem no centro das experiências fazendo com que ele se torne em alguns níveis possíveis um coautor do projeto.

Os apegos afetivos às marcas

Os estudos acerca dos apegos afetivos às marcas aparecem com mais frequência na pós-modernidade e podem servir com uma orientação às empresas na busca por um melhor relacionamento com o consumidor. Pois, segundo Roberts (2004), o que move o ser humano é a emoção e não a razão.

Roberts (2004, p. 42) aborda os caminhos para o entendimento da emoção com relação às marcas. O autor sugere dois tipos de emoções básicas despertadas nos seres humanos: emoções primárias e emoções secundárias. As emoções primárias são breves, intensas e não podem ser controladas, como a alegria, a tristeza, a raiva e o medo. Já as emoções secundárias combinam cérebro e coração, são mais complexas: a culpa, a vergonha, o orgulho, o ciúme e o amor. É possível sentir emoções primárias quando se está sozinho, mas para trazer à tona uma emoção secundária, é preciso de alguém por perto.

A afetividade é a emoção que deve ser estabelecida entre uma pessoa e uma marca. Segundo Mozota, Klöpsch e Costa (2011) "as pessoas se relacionam com as marcas exatamente da mesma maneira que se relacionam com outros indivíduos". Esses dois raciocínios correlacionados permitem a compreensão do motivo pelo qual os estudos sobre marcas apontam os apegos afetivos como uma decodificação do tema.

Para uma marca se relacionar com seu público, ela precisa compartilhar do mesmo imaginário e da mesma linguagem deste.

O design emocional reconhece a era do individualismo e a importância de oferecer às pessoas um modo de interpretar emocionalmente as marcas para se encaixarem em suas próprias personalidades. (Gobé 2007, p. 141)

O nascimento de uma marca mutante: A história da Tecnoblu

A empresa catarinense Tecnoblu, sediada em Blumenau-SC é especializada no desenvolvimento de etiquetas, tags diferenciados e complementos para a indústria da moda. Atende as principais marcas de moda do Brasil e da Argentina, de diferentes segmentos e posicionamentos [...].

A empresa nasceu em 1994 com a intenção de suprir o mercado carente de complementos decorativos para jeans, a Tecnoblu foi a primeira entre os players deste mercado a lançar books de produtos sazonais e temáticos, e hoje coloca no mercado anualmente uma série deles alinhados às necessidades de seus clientes.

No que se refere às características de uma marca mutante – conceito abordado neste estudo – a marca da Tecnoblu enquadra-se como exemplo por exigir uma adaptação a diversas matérias-primas e processos, insumo básico dos produtos que a empresa comercializa [...].

Subsídios em fontes primárias por meio de pesquisa documental (Marconi e Lakatos, 1990) permitiram conhecer com profundidade a história da marca em seus 18 anos de existência. Esse levantamento de dados permitiu a clara vizualização de três momentos distintos vividos.

Em seu primeiro momento de existência, a marca nasceu sendo estampada em diferentes matérias-primas e utilizando diferentes processos. Segundo Leonardo Crus, gestor de P&D da Tecnoblu, "a forma que encontramos de montar nosso primeiro mostruário de produtos, foi gravando a palavra Tecnoblu em pelo menos 50 etiquetas diferenciadas, e nessa época ainda não tínhamos uma marca gráfica definida".

Figura 2 – A primeira marca da Tecnoblu e sua diversidade de materiais

Nos anos que seguiram, sem uma estratégia de comunicação alinhada de forma clara com os objetivos da empresa, observam-se as tentativas de chegar a um logotipo que comunique brasilidade e inovação.

Figura 3 – Os primeiros logotipos da Tecnoblu

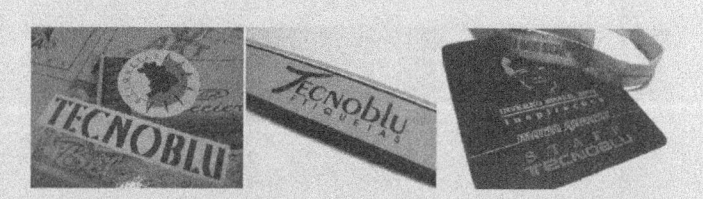

Em 1999, a empresa passou a contar com o trabalho de uma agência de publicidade, contratada com intenção de alinhar a marca com uma comunicação única. Nesse segundo momento, a Tecnoblu ganhou a *tagline* "*Labels and Tags*" na sua marca. Iniciou aqui o segundo momento da marca.

Figura 4 – Tecnoblu Labels and Tags: o alaranjado é a cor da empresa.

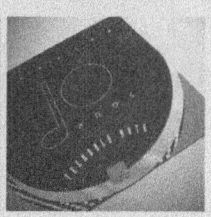

Segundo Wheeler (2008), *tagline* é uma frase curta que captura a essência, a personalidade e o posicionamento da marca de uma empresa e a diferencia de seus concorrentes.

A estratégia comunicacional naquele momento foi definir uma tipografia e um ícone para a marca, dessa forma, o quadrado laranja passou a estar presente em toda a comunicação. A cor laranja representava o dinamismo que a empresa buscava naquele momento e o quadrado foi usado como ícone símbolo da inovação e diferenciação dos produtos.

Nesse período, a empresa ganhou um tom de voz característico na redação e em suas peças publicitárias. A busca pelo conceito de brasilidade e inovação foi traduzida por figuras da cultura brasileira, remetendo sempre ao divertido e inusitado.

Durante 10 anos, a partir de 1999, as embalagens, artigos de papelaria, *gifts* de fim de ano, stands de feiras e eventos, e os demais elementos da comunicação da Tecnoblu eram relacionados aos dois elementos-chave: a cor laranja e o quadrado.

Figura 5 – Gifts da Tecnoblu (2005 a 2008)

A experiência com os dois elementos-chave começou a se tornar exaustiva e conflitante à medida que engessou as possibilidades de comunicação com o público. Um dos primeiros impasses encontrados foi harmonizar o laranja e o quadrado nos mostruários de produtos – chamados de Book de Tendências – lançados a cada 4 meses pela empresa. Cada book é temático e conta uma história diferente, criada pela equipe do Estúdio Tecnoblu, com base em tendências internacionais de consumo de moda. O Book de Tendências é a principal ferramenta de venda dos representantes da empresa.

É na apresentação do Book, pelo representante, que o público tem contato direto com a marca, é com esse mostruário de produtos que a Tecnoblu mostra todo o seu potencial criativo.

Figura 6 – Books de Tendências Tecnoblu

A inadequação da cor laranja e o quadrado se mostrou crítica à medida que a Tecnoblu começa a investir na segmentação de mercado. Iniciou-se então o que chamamos de um terceiro momento: as tentativas de desvincular os elementos-chave da imagem da marca.

A operação usada para promover a transição do quadrado para uma forma menos rígida, foi um conjunto de ações de marketing que sugerissem essa ideia: a transformação do quadrado em um círculo.

[...]

A tentativa de mudança não ganhou o esperado retorno do público, mas a intenção de transformar a comunicação em algo mais orgânico e flexível continuou.

A trajetória da marca em seus 18 anos, dividida em três momentos, aponta os caminhos de uma nova estratégia comunicacional. Uma marca que nasceu mutante por exigir uma adaptação a diversas matérias-primas e processos, insumo básico dos produtos que a Tecnoblu comercializa. Foi na origem mutante da marca, em seus primeiros anos de vida, que se buscou a inspiração.

A intenção de usar o quadrado e a cor laranja veio com a necessidade de comunicar o conceito de inovação e diferenciação dos produtos, mas com o amadurecimento da marca, vislumbrou-se que seu aspecto inovador e diferenciado está de forma óbvia na configuração de seus produtos, que consiste basicamente em trabalhar matérias-primas especiais com processos inovadores.

A marca da Tecnoblu pode ser apontada como uma marca mutante programada, cujas variações/mutações ocorrem por um tempo determinado e sua identidade muda de acordo com os jogos de cores, texturas, entre outras mutações. E por assumir ser uma marca mutante, que se relaciona com seu público –, em seus diversos segmentos de mercado –, o uso do quadrado e o laranja como elementos principais que caracterizam a comunicação foi reavaliada.

A cocriação de uma promessa: O instrumento de gestão de marcas

Desenvolver uma marca na atualidade é trabalhar consistente e repetidamente valores multidimensionais e associativos, a fim de estabelecer a melhor opinião possível na mente das pessoas.

Toda essa preocupação com a construção e consolidação de uma marca se justifica porque esta possui outras funções igualmente importantes, além de permitir ao público identificá-la e diferenciá-la das demais. Para cumprir com suas funções, a marca deve estar adequada ao seu contexto, ou seja, adequada ao seu tempo-espaço, às interações e às instituições sociais e aos meios técnicos de produção e transmissão. [...] Um projeto comunicacional desenvolvido no cenário cultural da pós-modernidade deverá colocar o público no centro das experiências sensoriais envolvendo a marca. Dessa forma, a Tecnoblu já trilha pelos caminhos da cocriação e do envolvimento do público no processo de criação e experimentação de seus produtos. Sua tagline *Your ID* se compromete com esse posicionamento.

[...]

Uma combinação de pensamento racional com inteligência criativa caracteriza as estratégias que conduzem a empresa por caminhos ainda não trilhados. Ainda que uma empresa, como a Tecnoblu, tenha seus valores e atributos já definidos, ela permitiu outra articulação ou refinamento.

No que tange à mutabilidade, este estudo identificou, articulou, iluminou, e reconsiderou as possibilidades de comunicação entre a marca e o público, considerando seus valores e atributos.

[...]

Fonte: Adaptado de Steil; Stein, 2012, p. 1-12.

Coolhunting e mapeamento de novas tendências

O conceito de *coolhunting* ainda é muito jovem e pouco explorado em nosso país. O termo é originário de *coolhunter* – utilizado para designar o profissional que identifica padrões e tendências e analisa de forma contemporânea as mudanças e hábitos dos consumidores.

De acordo com Picoli (2013), citando Hernandéz, "Substituindo ou complementando as tradicionais pesquisas de mercado, especialmente as quantitativas, a caçada ao *cool* visa descobrir o que está acontecendo na cultura jovem e o que será mais importante no futuro, no sentido de constituírem tendências com alta probabilidade de consumo".

Em entrevista exclusiva, a analista cultural de macrotendências e coordenadora do Laboratório de Pesquisa do Comportamento Oxigênio, Maria Carmencita Job (2012), disse que as empresas precisam analisar tendências para

> *pensar no presente (ativo) e prospectar ações para um futuro próximo (direcionamentos), mapeando a costura dos significados entre o desejo, as experiências e os drivers de comportamento dos seus consumidores, ligando os pontos e gerando significados reais por meio do desejo singular de cada grupo, indivíduo-nação.*

Ainda, Job (2012) nos explicou que a melhor forma para mapear as novas tendências é, sem dúvida,

> *Pelo estudo do meio e das pessoas, monitorando, assim, as manifestações de comportamento da emissão de sinais, sendo:* **meio** *(fatos e acontecimentos), questões locais e globais, como: meio ambiente, clima, cultura, política, economia e* cases *de sucesso e* **pessoas** *(comunicação e expressão), interação das pessoas com o meio (país, território, bairro, grupo) e suas formas de falar de si e de se mostrar para o mundo.* [grifo nosso]

No *coolhunting*, "a antropologia é usada para conhecer e entender ao nível mais profundo os comportamentos, dinâmicas, motivações e práticas dos diferentes grupos sociais" (Rodriguez Gomez; Flores; Giménez, 1996, p. 12). Já a etnografia "procura compreender a realidade através de uma perspectiva cultural, que inclui diversas tipologias de observação, entrevistas e processos de análise documental dos traços ou rastros deixados pelas pessoas ao longo de suas rotinas" (Lima et al., 1996, p. 89). Essa metodologia permite à empresa conhecer os aspectos mais profundos de seu consumidor, que antes não eram avaliados em pesquisas convencionais. Assim, o *coolhunting* vai além da observação.

Síntese

Neste capítulo, você obteve informações que com certeza aplicará no seu dia a dia. Nesse momento, você está apto a conceituar *branding* e poderá até mesmo instruir as pessoas sobre as diferenças entre esse conceito e o de logotipo. Também abordamos o conceito de *branded content*, conhecido no mercado como *branded entertainment*, cuja função básica é criar conteúdo para o consumidor e gerar vínculo emocional com ele.

Questões para revisão

1. Qual é a diferença entre logotipo e *branding*?

2. Steve Jobs disse que "o design não é apenas o que parece e o que se sente. Design é como funciona" (Palmeiras, 2011). Isso vale para todos os tipos de *design*. Com base nisso, é correto afirmar:

a. O *design* deve estar presente tanto para o mercado quanto para a empresa.
b. O *design* deve estar presente somente para o mercado.
c. O *design* deve estar presente somente para a empresa.
d. O *design* é irrelevante no processo de decisão de compra.
e. O *design* deve estar presente tanto para o cliente quanto para o proprietário da empresa.

3. De acordo com o que foi visto neste capítulo, a marca pode criar uma estratégia de *branded content* para um público e a sua mídia de forma específica. Em qual dos casos a seguir podemos identificar um bom exemplo de produto que criou um laço emocional com o personagem?
    a. *Reféns* (2011) – caso bola da marca Adidas.
    b. *Soldado universal* (1992) – caso bola da marca Nike.
    c. *O náufrago* (2000) – caso bola da marca Gibson.
    d. *O náufrago* (2000) – caso bola da marca Wilson.
    e. *O poeta alviverde Tadeu* (2014) – caso bola da marca Nike.

4. A prática que explora a entrega de valor, o posicionamento na mente e no coração dos consumidores e é considerada uma ação bem mais profunda que o próprio marketing é o(a):
    a. *branding*.
    b. *benchmarking*.
    c. *stakeholders*.
    d. *merchadising*.
    e. cvp.

5. Na área do marketing, o que significa *coolhunter*?

Questão para reflexão

Com base na leitura deste capítulo, reflita sobre as principais características da prática do *branding* como ferramenta mercadológica. Quais são as principais tendências nesse segmento da comunicação?

Para saber mais

MARTINS, J. R. *Branding*: um manual para você criar, gerenciar e avaliar marcas. 3. ed. rev. ampl. São Paulo: GlobalBrands, 2006. Disponível em: <http://www.globalbrands.com.br/artigos-pdf/livro-branding-o-manual-para-voce-criar-gerenciar-e-%20avaliar-marcas.pdf>. Acesso em: 25 out. 2013.

Nesse manual, você encontrará tudo sobre *branding*, desde como criar marcas até dicas para gerenciá-las e avaliá-las.

WIND THE GAP. Disponível em: <http://www.perestroika.com.br/mind/mindthegap.pdf>. Acesso em: 25 out. 2013.

Acessando esse *site*, você vai conhecer um pouco mais sobre o curso de *coolhunting* oferecido pela agência Perestroika em parceria com a Mindset.

para concluir...

Nesta obra, você pôde observar que os mais variados mercados em crescimento, bem como suas principais tendências, seguem direções distintas. O marketing, que nada mais é do que o mercado em ação em constante movimento, latente como tem de ser, é feito basicamente de trilhas, e não de trilhos, ou seja, o marketing vai se adaptando de acordo com seu meio, não sendo algo linear, com começo, meio e fim predeterminados. Ele depende muito do ambiente, do contexto, dos novos hábitos e das mudanças culturais, sociais, econômicas. Não se trata, portanto, de uma ciência exata.

Por meio desta obra, você conseguiu analisar melhor o comportamento dos novos e antigos consumidores e as formas como eles impactam cada vez mais cada um dos mercados estudados. Depois de uma pesquisa exaustiva, pudemos chegar a uma definição pontual: as tendências são inevitáveis, os caminhos se adaptam e são extremamente mutáveis, e a figura do especialista em determinada área tende cada vez mais a ser direcionada à figura estabelecida pelo mercado.

Não há uma fórmula mágica para entender todas as tendências mercadológicas. É importante perceber que as novas aplicações e constantes inovações são necessárias para a sobrevivência de um negócio ou abertura de novos segmentos. Cada negócio e cada consumidor estão inseridos em um contexto, em uma realidade, e o que existe é um intenso trabalho de verificação, coleta e análise de estratégias.

Podemos notar um crescimento cada vez maior da relevância do *branding* para sobrevivência em mercado, pois em um mundo extremante competitivo, supersegmentado, estar bem posicionado na "cabeça" do consumidor é de grande relevância para entendermos melhor o cenário mundial a que estamos submetidos.

Para isso, sugerimos a você, leitor, que saia da chamada *zona de conforto*, buscando continuamente informações sobre novos conteúdos, sobre o pensamento dos consumidores e sobre as principais inovações em sua área de atuação, pois é estando sempre "antenado" às novidades apresentadas diariamente que se torna possível "reciclar" e atualizar nossos pensamentos e ideias.

Lembre-se de sempre estar aberto a essas novas ideias e não se esqueça de que a adaptabilidade e a reinvenção são os nomes do jogo. Não ganha quem fizer o primeiro gol, mas quem fizer o gol mais bonito e quiser conquistar a mente e o coração do consumidor.

Nesse sentido, é fato que, na maioria das vezes, não sabemos quem foi o vice-campeão de um campeonato, somente o campeão. Essa é uma realidade de mercado, ou seja, não ser necessariamente o primeiro, mas ser o melhor na mente do consumidor.

A sua preparação começa aqui e vai muito além desta obra. Cada tópico elencado pode gerar um novo estudo, curso ou até mesmo uma nova obra. Pesquise sempre, questione-se! Confira a lista de contas no Twitter (organizada por temas) ao final do livro, pois com essa ferramenta você pode seguir autores que debatem sobre os assuntos discutidos nesta obra, além de tirar dúvidas e manter contato com eles.

Bem-vindo à era *crossmedia*!

referências

AAKER, D. *Criando e administrando marcas de sucesso*. São Paulo: Futura, 1996.

AGÊNCIA BRASIL. Brasil é o quinto país mais conectado do mundo. *InfoExame*, 22 abr. 2012. Disponível em: <http://info.abril.com.br/noticias/internet/brasil-e-o-quinto-pais-mais-conectado-do-mundo-22042012-7.shl?utm_source=feedburner&utm_medium=feed&utm_campaign=Feed%3A+NoticiasINFO-Internet+(Not%C3%ADcias+INFO+-+Internet)>. Acesso em: 20 fev. 2013.

_____. Metade da população possui acesso à internet. *InfoExame*, 8 nov. 2011. Disponível em: <http://info.abril.com.br/noticias/internet/metade-da-populaca o-possui-acesso-a-internet-08112011-46.shl>. Acesso em: 20 fev. 2013.

AGÊNCIA REUTERS. Internet no Brasil chega a 78 mi de usuários. *InfoExame*, 12 set. 2011. Disponível em: <http://abilytec.wordpress.com/2011/09/12/internet-no-brasil-chega-a-78-mi-de-usuarios-12092011-5.shl>. Acesso em: 19 nov. 2013.

AGUIARI, V. Brasil atinge 94,2 milhões de usuários de internet. *InfoExame*, 14 dez. 2012. Disponível em: <http://info.abril.com.br/noticias/internet/brasil-atinge-94--2-milhoes-de-pessoas-cone ctadas-14122012-32.shl>. Acesso em: 20 dez. 2013.

ALVES, C. de M. P. et al. Vale a pena investir em cinema nacional. *Revista Temática*, ano 3, n. 3, mar. 2013. Disponível em: <http://www.insite. pro.br/2013/Janeiro/investir_cinema_nacional.pdf>. Acesso em: 25 abr. 2013.

ALVES, E. A censura como estratégia de marketing. *Gazeta do Povo*, 20 out. 2010. Disponível em: <http://www.gazetadopovo.com.br/opiniao/conteudo.phtml?id=1061324>. Acesso em: 20 fev. 2013.

ÂNGELO, C. F. de; GIANGRANDE, V. (Coord.). *Marketing de relacionamento no varejo*. São Paulo: Atlas, 2000.

ÂNGELO, C. F. de; SILVEIRA, J. A. G. da. *Varejo competitivo*. São Paulo: Atlas, 2000.

ANTONIOLI, L. Estatísticas, dados e projeções atuais sobre internet no Brasil. *To Be Guarany!*, 14 dez. 2012. Disponível em: <http://tobeguarany.com/internet_no_brasil.php>. Acesso em: 5 jan. 2013.

ÁVILA, V. Anteena: especial – consumidor teen. *Supervarejo*, p. 82-87, ago. 2008. Disponível em: <http://www.portalapas.org.br/IMAGENS/PDF_SVAREJO/95ESPECIAL_TEEN.pdf>. Acesso em: 5 jan. 2013.

BACON, M. S. *Faça você mesmo*: marketing direto – segredos para pequenas empresas. São Paulo: Atlas, 1994.

BAHIA. Governo do Estado. Lei n. 7.015, de 9 de dezembro de 1996. *Diário Oficial [do] Estado da Bahia*, Salvador, 10 dez. 1996. Disponível em: <http://www.cultura.ba.gov.br/wp-content/uploads/2010/apoioaprojetos/1-Lei_7015_de_09-12-1996_-_Criacao_FAZCULTURA_-_Com_Alts_de_2005_e_2010.pdf>. Acesso em: 25 abr. 2013.

BARLETTA, M. *Marketing para mulheres*: como entender e aumentar sua participação no maior segmento do mercado. Rio de Janeiro: Elsevier, 2006.

BARRETO, M. *Planejamento e organização em turismo*. 2. ed. Campinas: Papirus, 1996.

BBC Brasil. *Publicidade na internet brasileira deve bater jornais e revistas até 2015, diz consultoria*. 7 fev. 2012. Disponível em: <http://www.bbc.co.uk/portuguese/noticias/2012/02/120206_emergentes_internet_publicidade_rp.shtml>. Acesso em: 18 nov. 2013.

BECHARA, M. *Marketing esportivo*: resultados com ética e compromisso social. Rio de Janeiro: Ed. do Autor, 2001. Disponível em: <http://www.gestaodesportiva.com.br/ebook%20Bechara.pdf>. Acesso em: 5 jan. 2013.

BERNARDI, J. *Entrevista concedida a Achiles Batista Ferreira Junior*. Curitiba, 16 jun. 2013.

BERRY, L. L.; PARASURAMAN, A. *Serviços de marketing*: competindo através da qualidade. Tradução de Beatriz Sidou. São Paulo: Maltese-Norma, 1992.

BERTOZZI, R. *Marketing jurídico*: os neurojurídicos, as novas ideias e ferramentas estratégicas. 2. ed. Curitiba: Juruá, 2008.

BLANCO, X. R.; SALGADO, J. *Amancio Ortega*: de cero a Zara. Madrid: Esfera Libros, 2008.

BORGES, P. Paulo Borges fala sobre moda, renúncia fiscal e futuro e chama classe para reflexão e união. *Fashion Forward*, 2 set. 2013. Disponível em: <http://ffw.com.br/noticias/moda/paulo-borges-fala-sobre-moda-renuncia-fiscal-e-futuro-e-chama-classe-para-reflexao-e-uniao>. Acesso em: 4 nov. 2013.

BOTSMAN, R.; ROGERS, R. *O que é seu é meu*: como o consumo colaborativo vai mudar o nosso mundo. Porto Alegre: Bookman, 2011.

BRANT, L. **Mercado cultural**: panorama crítico e guia prático para gestão e captação de recursos. 4. ed. São Paulo: Escrituras Editora; Instituto Pensarte, 2004.

BRASIL atinge marca de 60 milhões de computadores em uso. **G1**, 26 maio 2009. Disponível em: <http://g1.globo.com/Noticias/Tecnologia/0,,MUL1167875-6174,00.html>. Acesso em: 25 abr. 2013.

BRASIL. Decreto n. 5.622, de 19 de dezembro de 2005. **Diário Oficial da União**, Poder Executivo, Brasília, 20 dez. 2005. Disponível em: <http://portal.mec.gov.br/seed/arquivos/pdf/dec_5622.pdf>. Acesso em: 25 abr. 2013.

_____. Decreto n. 5.800, de 8 de junho de 2006. **Diário Oficial da União**, Poder Executivo, Brasília, 9 jun. 2006. Disponível em: <http://www.planalto.gov.br/ccivil_03/_ato2004-2006/2006/decreto/d5800.htm>. Acesso em: 25 abr. 2013.

_____. Lei n. 8.069, de 13 de julho de 1990. **Diário Oficial da União**, Poder Legislativo, Brasília, 16 jul. 1990. Disponível em: <http://www.planalto.gov.br/ccivil_03/leis/l8069.htm>. Acesso em: 25 abr. 2013.

_____. Lei n. 8.313, de 23 de dezembro de 1991. **Diário Oficial da União**, Poder Legislativo, Brasília, 24 dez. 1991. Disponível em: <http://www.planalto.gov.br/ccivil_03/leis/L8313compilada.htm>. Acesso em: 25 abr. 2013.

_____. Lei n. 8.685, de 20 de julho de 1993. **Diário Oficial da União**, Poder Legislativo, Brasília, 21 jul. 1993. Disponível em: <http://www.planalto.gov.br/ccivil_03/leis/L8685compilado.htm>. Acesso em: 25 abr. 2013.

_____. Lei n. 9.394, de 20 de dezembro de 1996. **Diário Oficial da União**, Poder Legislativo, Brasília, 23 dez. 1996. Disponível em: <http://www.planalto.gov.br/ccivil_03/leis/l9394.htm>. Acesso em: 25 abr. 2013.

_____. Lei n. 10.167, de 27 de dezembro de 2000. **Diário Oficial da União**, Poder Legislativo, Brasília, 27 dez. 2000. Disponível em: <http://www.planalto.gov.br/ccivil_03/leis/l10167.htm>. Acesso em: 19 nov. 2013.

_____. Lei n. 11.438, de 29 de dezembro de 2006. **Diário Oficial da União**, Poder Legislativo, Brasília, 29 dez. 2006. Disponível em: <http://www.planalto.gov.br/ccivil_03/_ato2004-2006/2006/lei/l11438.htm>. Acesso em: 25 abr. 2013.

BRASIL. Ministério da Educação. Portaria n. 4.361, de 29 de dezembro de 2004. **Diário Oficial da União**, Brasília, 30 dez. 2004. Disponível em: <http://portal.mec.gov.br/seed/arquivos/pdf/port_4361.pdf>. Acesso em: 25 abr. 2013.

BRASIL tem média de um advogado para cada 256 moradores. **Folha de S. Paulo**, 22 fev. 2013. Disponível em: <http://www1.folha.uol.com.br/educacao/1234871-brasil-tem-media-de-um-advogado-para-cada-256-moradores.shtml>. Acesso em: 19 nov. 2013.

BRETZKE, M. **Marketing de relacionamento e competição em tempo real**: com CRM. São Paulo: Atlas, 2000.

BUCHMANN, D. *Desenvolvendo a prestação de serviços*. São Bento do Sul, 25 set. 2012. Disponível em: <http://danielbuchmann.blogspot.com.br/2012/09/desenvolvendo-prestacao-de-servicos.html>. Acesso em: 31 out. 2013.

CABALLERO, E. M.; CASCO, A. I. V. *Marketing de la Moda*. Madrid: Ediciones Pirámide, 2006.

CALLIGARIS, C. 2,7% das verbas publicitárias vão para web. E se fosse mais? *Webinsider*, 11 mar. 2008. Disponível em: <http://webinsider.uol.com.br/2008/03/11/27-das-verbas-publicitarias-vao-para-web-e-se-fosse-mais>. Acesso em: 25 abr. 2013.

CAMPOS, E.; YOSHIDA, S. O mapa do mercado de luxo no Brasil. *Época Negócios*, mar. 2010. Disponível em: <http://epocanegocios.globo.com/Revista/Common/0,,ERT127499-16357,00.html>. Acesso em: 25 abr. 2013.

CARDOSO, M. S.; GONÇALVES FILHO, C. *CRM em Ambiente e-business*. São Paulo: Atlas, 2001.

CARRETAS, V. *Tendências do direito e a advocacia moderna*. Curitiba, 2013. Material não publicado.

CARPANEZ, J. Internet brasileira cresce 10% e chega a 36,4 milhões de usuários. *G1*, 20 ago. 2009. Disponível em: <http://g1.globo.com/Noticias/Tecnologia/0,,MUL1274233-6174,00.html>. Acesso em: 17 abr. 2013.

CASOTTI, L.; SUAREZ, M.; DIAS CAMPOS, R. (Org.). *O tempo da beleza*: consumo e comportamento feminino, novos olhares. Rio de Janeiro: Senac, 2008.

CETIC.BR – Centro de Estudos sobre as Tecnologias da Informação e da Comunicação. *TIC Domicílios e Usuários 2007*: uso da internet. set./nov. 2007. Disponível em: <http://cetic.br/usuarios/tic/2007/rel-int-09.htm>. Acesso em: 25 abr. 2013.

CHURCHILL JUNIOR, G. A.; PETER, J. P. *Marketing*: criando valor para os clientes. São Paulo: Saraiva, 2000.

COBRA, M.; ZWARG, F. A. *Marketing de serviços*: conceitos e estratégias. São Paulo: McGraw-Hill, 1986.

CONFIRA o ranking das faculdades particulares que oferecem cursos a distância. 5 jun. 2012. Disponível em: <http://educacao.uol.com.br/noticias/2012/06/05/confira-o-ranking-das-faculdades-particulares-que-ofere cem-cursos-a-distancia.htm>. Acesso em: 26 abr. 2013.

COSTA, I. F. da. *Marketing cultural*: o patrocínio de atividades culturais como ferramenta de construção de marca. São Paulo: Atlas, 2004.

DE LUCA, L. E-commerce nacional fatura R$ 3,8 bilhões no 1º semestre, diz e-bit. *IDG Now*, 19 ago. 2008. Disponível em: <http://idgnow.uol.com.br/internet/2008/08/19/e-commerce-nacional-fatura-r-3-8-bilhoes-no-1o-semestre-diz-e-bit>. Acesso em: 17 abr. 2013.

DICAS DE TURISMO. *Aparecida do Norte*. Disponível em: <http://www.

dicadeturismo.com.br/aparecidadonorte. html>. Acesso em: 31 out. 2013.

DOMINGOS, R. 'A vontade popular não pode tudo', afirma promotor sobre caso Tiririca. *G1*, 9 nov. 2010. Disponível em: <http://g1.globo.com/politica/noticia/2010/11/vontade-popular-nao-pode-tudo-afirma-promotor-sobre-caso-tiririca.html>. Acesso em: 20 fev. 2013.

FERRARI, B. 95% das empresas no Brasil têm computadores. *InfoExame*, 20 maio 2008. Disponível em: <http://info.abril.com.br/aberto/infonews/052008/20052008-14.shl>. Acesso em: 25 abr. 2013.

FERREIRA, R. G. O legado dos céus. *Istoé Dinheiro*, 3 set. 2003. Disponível em: <http://www.terra.com.br/istoedinheiro-temp/314/negocios/314_legado_ceu2.htm>. Acesso em: 4 nov. 2013.

FERREIRA JUNIOR, A. B. *Marketing político e eleitoral*: uma analogia entre o mundo corporativo e a política. Curitiba: Ibpex, 2010.

FERREIRINHA, C. A democratização do luxo. *Mundo do Marketing*, 5 set. 2011. Disponível em: <http://www.mundodomarketing.com.br/artigos/carlos-ferreirinha/20382/a-democratizacao-do-luxo.html>. Acesso em: 25 abr. 2013.

FREUD, S. *O mal-estar na civilização*. Rio de Janeiro: Imago, 1997.

G1. *Vendas pela internet cresceram 27% no 1º semestre, mostra pesquisa*. 18 ago. 2009. Disponível em: <http://g1.globo.com/Noticias/Economia_Negocios/0,,MUL1271006-9356,00.html>. Acesso em: 17 abr. 2013.

GIGLIO, E. M. *O comportamento do consumidor*. 4. ed. São Paulo: Cengage Learning, 2010.

GONÇALVES JÚNIOR, J.; FERREIRA JUNIOR, A. B. A variedade no marketing político: das mídias tradicionais às mídias virtuais. *Revista Temática*, ano IX, n. 6, jun. 2013. Disponível em: <http://www.insite.pro.br/2013/Junho/variedade_marketing_politico.pdf>. Acesso em: 16 ago. 2013.

GUIA DO ESTUDANTE. *Brasil tem mais cursos de Direito do que todos os outros países do mundo juntos*. Editora Abril, 13 out. 2010. Disponível em: <http://guiadoestudante.abril.com.br/vestibular-enem/brasil-tem-mais-cursos-direito-todo-mundo-603836.shtml>. Acesso em: 22 set. 2013.

HERNÁNDEZ, M. *Coolhunting*: nuevas propostas en la investigación de mercados. Barcelona, 2004.

HIESTAND, M. Sponsorship Report: the Name of the Game. *USA Today*, May 1993.

IBGE – Instituto Brasileiro de Geografia e Estatística. *Censo 2010*: população do Brasil é de 190.732.694 pessoas. 29 nov. 2010. Disponível em: <http://censo2010.ibge.gov.br/noticias-censo?view=noticia&id=3&idnoticia=1766&busca=1&t=censo-2010-populacao-brasil-190-732-694-pessoas>. Acesso em: 5 jan. 2013.

IBMC – Instituto Brasileiro de Marketing Católico. Disponível em: <http://www.ibmc.com.br>. Acesso em: 31 out. 2013.

INTERBRAND. The Top 100 List View. Disponível em <http://www.interbrand.com/en/best-global-brands/2013/top-100-list-view.aspx>. Acesso em: 31 out. 2013.

JIMENEZ, G. São 250 milhões em jogo. *Veja*, 20 jan. 2010. Disponível em: <http://veja.abril.com.br/200110/sao-250-milhoes-em-jogo-p-112.shtml>. Acesso em: 21 nov. 2013.

JOB. M. C. *Entrevista concedida a Marielle Rieping*. Porto Alegre, 2012.

KARSAKLIAN, E. *Comportamento do consumidor*. São Paulo: Atlas, 2000.

KISHEL, G.; KISHEL, P. *Marketing de rede de vendas*. São Paulo: Makron Books, 1994.

KOTLER, P. *Administração de marketing*: a edição do novo milênio. São Paulo: Prentice Hall, 2000.

_____. *Administração de marketing*: análise, planejamento, implementação e controle. São Paulo: Atlas, 1998.

_____. *Marketing de A a Z*. São Paulo: Campus, 2003.

KOTLER, P.; AMSTRONG, G. *Princípios de marketing*. 7. ed. Rio de Janeiro: Prentice Hall, 1998.

KOTLER, P.; BES, F. T. de. *A bíblia da inovação*. São Paulo: Leya, 2011.

KREUTZ, E.; FERNÁNDEZ, F. J. M. Marcas mutantes como estratégias de branding. In: CONGRESSO BRASILEIRO DE CIÊNCIAS DA COMUNICAÇÃO, 33., 2010, Caxias do Sul. *Anais*... Caxias do Sul: Intercom, 2010. Disponível em: <http://www.intercom.org.br/papers/nacionais/2010/resumos/R5-0781-1.pdf>. Acesso em: 5 jan. 2013.

KUNTZ, R. A. *Manual de campanha eleitoral*: marketing político. São Paulo: Global, 1986.

LAS CASAS, A. L. *Marketing de varejo*. São Paulo: Atlas, 1994.

LIMA, C. M. G. de et al. Pesquisa etnográfica: iniciando sua compreensão. *Revista Latino-Americana de Enfermagem*, Ribeirão Preto, v. 4, n. 1, p. 21-30, jan. 1996.

LINHARES, J. Eles são diferentes. E adoram isso. *Veja*, São Paulo, ed. 2077, 10 set. 2008. Disponível em: <http://veja.abril.com.br/100908/p_134.shtml>. Acesso em: 5 jan. 2013.

LOVELOCK, C.; WRIGHT, L. *Serviços*: marketing e gestão. São Paulo: Saraiva, 2001.

MACHADO, D. C. de A; ENGELMAN, A. A. A avaliação do ensino superior nos campos das artes: música, dança, teatro e artes visuais. *Revista Científica Censupeg*, Paraná, v. 1, p. 71-84, 6 ago. 2013. Disponível em: <http://revistacientifica.censupeg.com.br/ojs/index.php/RevistaCientificaCENSUPEG/article/view/62>. Acesso em: 13 set. 2013.

MACHADO, D. C. de A.; MATOS, E. L. M. Ctrl + arte + del: É preciso reiniciar. *Redes Sociais e Educação*: desafios contemporâneos. 2012. Disponível em: <http://pead.ucpel.tche.br/revistas/index. php/colabora/article/vicue/198/151>. Acesso em: 13 set. 2013.

MACHADO, D. C. de A; VECHIA, A.; LOPES, L. F. O processo histórico da educação a distância e a formação de professores no Brasil. In: CONGRESSO NACIONAL DE EDUCAÇÃO EDUCERE, 10. 2011, Curitiba. *Anais*... Curitiba: Pontifícia Universidade Católica do Paraná, 2011. p. 5368-5381. Disponível em: <http://educere.bruc.com. br/cd2011/pdf/5143_3019.pdf>. Acesso em 19 nov. 2013.

MAESTRINI, B. *Anúncios do Super Bowl atraem quem não é fã de futebol americano*. 6 fev. 2012. Disponível em: <http://economia.terra.com.br/noticias/ noticia.aspx?idNoticia=201202060742_ EST_80819229>. Acesso em: 20 fev. 2013.

MEDIALOGUE. Disponível em: <http:// www.medialogue.com.br>. Acesso em: 20 fev. 2013.

MELO NETO, F. P. de. *Marketing de eventos*. Rio de Janeiro: Sprint, 2001.

METROBRASIL. *Mulheres com instrução maior ficam mais solteiras*. Curitiba, 16 jan. 2012. Disponível em: <http://www.readmetro.com/en/brazil/ metrobh/download/20120116>. Acesso em: 20 fev. 2013.

MÍDIA E CONSUMO. Disponível em: <http://www.midiaeconsumo.com.br>. Acesso em: 31 out. 2013.

MINADEO, R. *1000 perguntas*: marketing. Rio de Janeiro: Thex Editora, 1996.

_____. *Marketing esportivo*: aspectos diversos. Disponível em: <http://www. mktesportivo.com.br/Roberto%20 Minadeo.htm>. Acesso em: 20 fev. 2013.

MINAS GERAIS. Governo do Estado. Lei n. 17.615, de 4 de julho de 2008. *Diário Oficial [do] Estado de Minas Gerais*, Belo Horizonte, 5 jul. 2008. Disponível em: <http://www.fazenda. mg.gov.br/empresas/legislacao_ tributaria/leis/2008/l17615_2008.htm>. Acesso em: 25 abr. 2013.

MIND, S. *Brasileiras controlam 66% do consumo das famílias brasileiras*. 2 jun. 2010. Disponível em: <http://www.sophiamind.com/ pesquisas/consumo-pesquisas/ brasileiras-controlam-66-do-consumo -das-familias-brasileiras>. Acesso em: 25 abr. 2013.

MORACE, F. (Org). *Consumo autoral*: as gerações como empresas criativas. São Paulo: Estação das Letras e Cores, 2009.

MOZOTA, B. B. de M.; KLÖPSCH, C.; COSTA, F. C. X. da. *Gestão do design*: usando o design para construir valor de marca e inovação corporativa. Porto Alegre: Bookman, 2011.

OAB – Ordem dos Advogados do Brasil. Código de Ética e Disciplina da OAB, de 13 de fevereiro de 1995. *Diário da Justiça*, Brasília, 1° mar. 1995. Disponível em: <http://www.oab.org.br/Content/ pdf/LegislacaoOab/codigodeetica.pdf>. Acesso em: 9 abr. 2013.

OAB – Ordem dos Advogados do Brasil. Provimento n. 94, de 5 de setembro de 2000. *Diário da Justiça*, Brasília, 12 set. 2000. Disponível em: <http://www.oabes.org.br/site_media/oab/pdfs/sociedade-do-advogado/provimento_94-2000.pdf>. Acesso em: 5 abr. 2013.

O NÁUFRAGO. Direção: Robert Zemeckis. EUA: Universal Pictures, 2000. 143 min.

PALMEIRAS, R. Para as empresas, o design já não é apenas aparência. *Brasil Econômico*, 14 out. 2011. Disponível em: <http://www.brasileconomico.com.br/noticias/para-as-empresas-o-design-ja-nao-e-apenas-aparencia_109300.html>. Acesso em: 22 set. 2013.

PETTERLE, A.; MALETTA, B. *Poderosas consumidoras*: o que quer e pensa a nova mulher brasileira. Rio de Janeiro: Rede de Mulheres, 2010.

PICOLI, J. I. *Coolhunter*: perfil e características deste profissional. Disponível em: <http://coloquiomoda.com.br/anais/anais/4-Coloquio-de-Moda_2008/41726.pdf>. Acesso em: 6 dez. 2013.

PORTAL BRASIL. *PNAD 2012*: Percentual de internautas cresce nas regiooes Norte e Nordeste. 27 set. 2013. Disponível em: <http://www.brasil.gov.br/infraestrutura/2013/09/percentual-de-internautas-cresce-nas-regioes-norte-e-nordeste-em-2012>. Acesso em: 18 nov. 2013.

POZZI, L.; OLIVEIRA, M. Patrocine o evento certo. *Mercado Global*, São Paulo, n. 99, p. 13-15, 1º trim. 1996.

PÚBLIO, M. A. Tendências? *Campanha de Propaganda*, 4 abr. 2012. Disponível em: <http://www.campanhadepropaganda.com.br/2012/04/tendencias.html>. Acesso em: 20 fev. 2013.

QUELUZ, M. L. P. (Org.). *Design & consumo*. Curitiba: Peregrina, 2010.

QUERO INCENTIVAR. Disponível em: <http://queroincentivar.com.br>. Acesso em: 6 dez. 2013.

RCC BRASIL – Renovação Católica Carismática Brasil. Disponível em: <http://www.rccbrasil.org.br/portal>. Acesso em: 31 out. 2013.

REVISTA ISTOÉ DINHEIRO. São Paulo: Três, n. 314. 3 set. 2013.

RIO GRANDE DO SUL. Governo do Estado. Lei n. 10.846, de 19 de agosto de 1996. *Diário Oficial [do] Estado do Rio Grande do Sul*, Porto Alegre, 20 ago. 1996.

ROCHA, Â. da; MELLO, R. C. (Org.). *Marketing de serviços*: casos brasileiros. São Paulo: Atlas, 2000.

RODRIGUEZ GOMEZ, G.; FLORES, J. G.; GIMÉNEZ, E. G. *Metodología de la investigación cualitativa*. Granada: Ediciones Aljibe, 1996.

SACCHITIELLO, B.; TURLÃO, F. Globo elabora plano de naming rights. *Meio & Mensagem*, 1º out. 2012. Disponível em: <http://www.meioemensagem.com.br/home/meio_e_mensagem/em_pauta/2012/10/01/Globo-elabora-plano-de-naming-rights.html#.USTSjxDA9CA>. Acesso em: 20 fev. 2013.

SÃO PAULO (Capital). Lei n. 11.247, de 1º de outubro de 1992. *Diário Oficial [do] Estado de São Paulo*, São Paulo, 2 out. 1992. Disponível em: <http://www.radarmunicipal.com.br/legislacao/lei-11247>. Acesso em: 25 abr. 2013.

SÃO PAULO (Estado). Lei n. 12.268, de 20 de fevereiro de 2006. *Diário Oficial [do] Estado de São Paulo*, São Paulo, 21 fev. 2006. Disponível em: <http://www.cultura.sp.gov.br/StaticFiles/SEC/Incentivo%20a%20Cultura/Lei_12268-06_Incentivo_Cultura.pdf>. Acesso em: 25 abr. 2013.

_____. Lei n. 13.918, de 22 de dezembro de 2009. *Diário Oficial [do] Estado de São Paulo*, São Paulo, 23 dez. 2009. Disponível em: <http://www.fiscosoft.com.br/g/4snq/lei-do-estado-de-sao-paulo-n-13918-de-22122009>. Acesso em: 25 abr. 2013.

SARAIVA, T. Educação a distância no Brasil: lições da história. *Em Aberto*, Brasília, ano 16, n. 70, abr./jun. 1996. Disponível em: <http://www.emaberto.inep.gov.br/index.php/emaberto/article/viewFile/1048/950>. Acesso em: 25 abr. 2013.

SCHWERINER, M. R. "Você se dá ao luxo de...?". *Revista da ESPM*, São Paulo, v. 12, n. 1, p. 22-30, jan./fev., 2005.

SELEM, L. *Estratégia na advocacia*. Curitiba: Juruá, 2008.

SELEM, L.; BERTOZZI, R. *Os cinco "Es" da gestão estratégica jurídica*: parte I. Disponível em: <http://www.estrategianaadvocacia.com.br/artigos2.asp?id=420>. Acesso em: 10 abr. 2013.

SENCHE, M. *Os Ps do marketing de serviços*: saiba como atender aos desejos e necessidades dos consumidores. 2012. Disponível em: <http://canaldoempreendedor.com.br/marketing-categorias/os-ps-do-marketing-de-servicos-saiba-como-atender-aos-desejos-e-necessidades-dos-consumidores>. Acesso em: 4 nov. 2013.

SIGNIFICADO de meme. Disponível em: <http://www.significados.com.br/meme>. Acesso em: 22 set. 2013.

SILVA JÚNIOR, V. C. da. *Entrevista concedida a Achiles Batista Ferreira Junior*. Curitiba, 19 nov. 2013.

SOARES, M. *Entrevista concedida a Achiles Batista Ferreira Junior*. Curitiba, 10 nov. 2013.

SOUZA, A. R. de. *Igreja in concert*: padres cantores, mídia e marketing. São Paulo: Annablume; Fapesp, 2005.

SOUZA, P. *Marketing esportivo*. 62 f. Monografia (Projeto Vez do Mestre) – Universidade Candido Mendes, Rio de Janeiro, 2004. Disponível em: <http://www.avm.edu.br/monopdf/24/PATRICIA%20SOUZA.pdf>. Acesso em: 22 set. 2013.

SOUZA, S. *Título do Corinthians gera enorme mídia espontânea para a IVECO*. 5 jul. 2012. Disponível em: <http://laboratorioesportivo.com.br/titulo-do-corinthians-gera-enorme-midia-espontanea-para-a-iveco>. Acesso em: 19 fev. 2013.

STEIL, V.; STEIN, M. Design, pós-modernidade e o conceito de marca mutante: uma visão contemporânea para a nova gestão estratégica de uma empresa líder no ramo têxtil catarinense – case Tecnoblu. In: CONGRESSO BRASILEIRO DE PESQUISA E DESENVOLVIMENTO EM DESIGN, 10., 2012, São Luís. Anais... São Luís: P&D Design 2012. Disponível em: <http://www.vivisteil.com.br/articles/P&D2012-viviane-steil.pdf>. Acesso em: 25 abr. 2013.

THOMAS, D. Deluxe: como o luxo perdeu o brilho. Rio de Janeiro: Elsevier, 2008.

TRAMONTANO, M.; REQUENA, C. A. Habitares: processos de projeto de uma espacialidade híbrida. In: SIGRADI, IBEROAMERICAN CONGRESS OF DIGITAL GRAPHICS, 10., 2006, Santiago. Proceedings... Santiago, 2006. p. 405-407.

VATICANO lança calendário com jovens padres. 26 nov. 2008. Disponível em: <http://ego.globo.com/Gente/Noticias/0,,MUL880245-9798,00%20VATICANO+LANCA+CALENDARIO+COM+JOVENS+PADRES.html>. Acesso em: 28 fev. 2013.

VENTURA, R. Mudanças no perfil do consumo no Brasil: principais tendências nos próximos 20 anos. ago. 2010. Disponível em: <http://www.macroplan.com.br/Documentos/ArtigoMacroplan2010817182941.pdf>. Acesso em: 25 abr. 2013.

VIEIRA, M. Comércio eletrônico representa um terço das transações no Brasil. 20 abr. 2011. Disponível em: <http://www.metaanalise.com.br/inteligenciademercado/index.php?option=com_content&view=article&id=4887:comercio-eletronico-representa-um-terco-das-transacoes-no-brasil&catid=5:analise-setorial&Itemid=356>. Acesso em: 17 abr. 2013.

ZATHAR, E. Entrevista concedida a Achiles Batista Ferreira Junior. Curitiba, 22 maio 2012.

apêndice 1

Empresas, instituições e profissionais que contribuíram com os autores para a produção desta obra:

Agência Fabricatto – Agência de comunicação e consultoria no varejo que realiza palestras e projetos inovadores para empresas de diversos portes e para todo o país. Para saber mais, acesse: <http://www.fabriccato.com.br>.

Anima Trends – A Anima Trends é uma assessoria estratégica cujo principal objetivo é desvendar a alma humana e entender o que deseja o consumidor. Não é só uma empresa, é um grupo de pessoas apaixonadas por arte, cultura e inovação, cuja missão é desenvolver a cultura do empreendedorismo criativo. Para saber mais, acesse: <http://www.animatrends.com>.

Bureau de Branding – Consultoria com foco em *branding*, consumo e inteligência competitiva que realiza palestras e projetos inovadores para empresas de diversos portes e para todo o país. Para saber mais, acesse: <http://www.bureaudebranding.com.br> e <http://facebook.com/bureaudebranding>.

Centro Universitário Uninter – Instituição de ensino superior que oferece cursos de graduação e pós-graduação nas modalidades presencial e a distância. Para saber mais, acesse: <http://www.grupouninter.com.br>.

Equilíbrio Financeiro – Empresa que presta consultoria e oferece cursos e palestras na área de finanças pessoais. Para saber mais, acesse: <http://www.equilibriofinanceiro.com.br>.

Green Digital – Empresa que realiza a implantação de perfis nas principais redes sociais de acordo com a necessidade do cliente, além da divulgação de conteúdo nesses ambientes. Para saber mais, acesse: <http://www.greendigital.com.br>.

Ibpex – Criado em 1996, o Instituto Brasileiro de Pós-Graduação e Extensão (Ibpex) é responsável pela organização dos cursos presenciais de pós-graduação *lato sensu* do Grupo Educacional Uninter.

Para saber mais, acesse: <http://www.ibpex.com.br>.

Instituto Wilson Picler – Trata-se de uma instituição de direito privado criada na modalidade de associação, que permite a participação de pessoas físicas e jurídicas, para a realização de projetos educacionais e outras ações de interesse social. Para saber mais, acesse: <http://www.institutowilsonpicler.org.br/>.

LCT Comunicação – Agência especializada em varejo que atua há 15 anos no mercado varejista brasileiro. Para saber mais, acesse: <http://www.LCTcomunicacao.com>.

MCF Consultoria & Conhecimento – Consultoria com foco no mercado de luxo. Para saber mais, acesse: <http://www.mcfconsultoria.com.br>

Oxigênio – Laboratório de pesquisa do comportamento, com foco em estudos antropológicos. Para saber mais, acesse: <http://www.oxigeniolab.com.br> e <http://www.facebook.com/oxigeniopesquisas>.

Portal do Marketing – Portal destinado à divulgação de conteúdo relacionado às áreas de marketing, administração de empresas, liderança, psicologia, vendas, consultoria, negócios e empresas. Para saber mais, acesse: <http://www.portaldomarketing.com.br>.

Santofício – Estúdio de *design* e consultoria com foco em *design* gráfico, *design thinking*, mídias digitais, produção cultural, marketing e eventos. Para saber mais, acesse: <http://www.santoficio.com.br> e <http://facebook.com/santoficioetc>.

Sebrae/PR – Parceiro do desenvolvimento, o Sebrae/PR oferece soluções, palestras, capacitações e treinamentos em diversas áreas, como recursos humanos, empreendedorismo, marketing, finanças, gestão estratégica, gestão da qualidade e muito mais. Para saber mais, acesse: <http://www.sebraepr.com.br>

Selem, Bertozzi & Consultores Associados – Consultoria especializada na gestão de serviços jurídicos. Para saber mais, acesse: <http://www.estrategianaadvocacia.com.br> e <http://facebook.com/selembertozzieconsultoresassociados>.

Tecnoblu – Your ID – Fabricante de etiquetas para *jeans*, cadarços e *tags* inovadores. Para saber mais, acesse: <http://www.tecnoblu.com.br> e <http://facebook.com/tecnoblu>.

Zathar Eventos – Empresa especializada na produção de eventos promocionais, corporativos e culturais. Para saber mais, acesse: <http://www.zathareventos.com.br>.

apêndice 2

Top Twitters

@achilesjunior
(Tendências mercadológicas e marketing político)

@adrianewerner
(Jornalismo)

@adricony
(Direito magistral)

@ahnao
(Mercado cultural – *pop*)

@alexnero
(Música – cultura)

@alvarodias_
(Política)

@anapigozzo
(Comércio exterior)

@andreatila
(Política)

@atleticopr
(Entretenimento – esportes)

@autoestima_
(Mídia impressa)

@bandnewsfmctba
(Entretenimento – notícias)

@beaqueiroz
(Comunicação e mídia digital)

@benhurgaio
(Planejamento e ensino a distância)

@billgates
(Informática)

@boadapan
(Entretenimento – humor)

@brunopessuti
(Política)

@caldeiradohulk
(Tendências – entretenimento)

@capgigante
(Entretenimento – esportes)

@capricho
(Interação com o público *Teen*)

@carlosbettes
(Direito)

@clovisvc
(Política – direito)

@comediansclub
(Entretenimento – humor)

@cqc
(Entretenimento – atualidades – humor)

@criativospr
(Criatividade – comunicação)

@danilogentili
(Entretenimento – humor)

@deborajordao
(Relações públicas)

@denorex
(Entretenimento – música)

@dep_pedrolupion
(Política)

@dicasdeviagens
(Dicas de viagens)

@dicasdisney
(Dicas de viagens)

@dicasdomacgyver
(Entretenimento)

@disneydicas
(Dicas de viagens)

@editoraintersaberes
(Editora – lançamentos de obras, atualidades e notícias)

@eduardodomit
(Eventos e promoções)

@exame_com
(Notícias – atualidades)

@fabioaguayo
(Política)

@falabellareal
(Entretenimento – cultura)

@fcccuritiba
(Entretenimento – cultura)

@futebolpr
(Entretenimento – esportes)

@gleisi
(Política)

@globofmweb
(Notícias – atualidades)

@gpcon
(Professores – consultores)

@groupon_br
(Compras coletivas)

@historybr
(Entretenimento)

@jhoje
(Notícias – atualidades)

@jimcarrey
(Entretenimento – humor)

@jorgebernardi
(Política)

@joseserra_
(Política)

@laraselem
(Gestão de escritórios jurídicos)

@leojaime
(Entretenimento – música)

@lfranca
(Entretenimento – humor)

@marcelotas
(Cultura *pop*)

@marciopure
(Marketing de varejo)

@mariarafart
(Entretenimento e psicologia)

@martinsheitor
(Entretenimento – humor)

@medialoguebr
(Pesquisa – tendências)

@missmaura
(Jornalismo)

@mpublio
(Comunicação)

@mrieping
(Tendências, inovação, consumo e estratégia)

@narradorvoz
(Esportes)

@neyleprevost
(Política)

@neyqueiroz
(Mídias digitais)

@oscarfilho
(Entretenimento – humor)

@paranoid_k
(Design)

@paulalas
(Jornalismo)

@paulocoelho
(Literatura)

@paulorink
(Entretenimento – esportes)

@pessuti
(Política)

@pier_p
(Política)

@profcastanheira
(Estatística – ensino a distância)

@proffarinhas
(Finanças pessoais)

@prtomaz
(Religião)

@rafaelmiashiro
(*Design*)

@rbertholdo
(Entretenimento – política)

@ritchieguy
(Música e arte)

@romarioonze
(Política – esportes)

@rzimermann
(Tecnologia da informação)

@sen_cristovam
(Política)

@showdavida
(*Crossmedia*)

@sportv
(Entretenimento – esportes)

@tesportes
(Entretenimento – esportes)

@tiagoleifert
(Jornalismo)

@tiodino
(Entretenimento – humor)

@transitourbs
(Notícias – trânsito)

@uninter
(Educação superior)

@urbenauta
(Turismo urbano)

@valtercarretas
(Direito magistral)

@viagemeturismo
(Dicas de viagens)

@vj_pp
(Publicidade e novas mídias)

@walterlongo
(Tendências e estratégia)

@wilsonpicler
(Política)

@wlamarca
(Entretenimento – esportes)

@zathareventos
(Eventos e promoções)

@zdoficial
(Música – cultura)

@zeca_dirceu
(Política)

respostas

parte 1

capítulo 1
1. c
2. c
3. Porque é por meio da análise do comportamento dos consumidores e do que eles consideram como "inovador" que será possível observar os rumos dos diversos mercados. Isso facilita a identificação de novas áreas de negócios em potencial.
4. Por exemplo, é possível identificar as tendências do mercado fonográfico nas diferentes mídias, bem como os valores nos ambientes de vendas, que alteram com o tempo.
5. F, V, V, F

capítulo 2
1. a
2. b
3. O marketing cultural objetiva explorar a melhor associação da marca do produto ou serviço a eventos culturais, gerar mídia espontânea e indicar quais são os benefícios fiscais mais adequados para cada caso.
4. Publicidade em larga escala, visto que a internet é mais abrangente; comércio eletrônico (e-commerce); e mais proximidade com o consumidor.
5. A democratização do ensino, a economia, o constante investimento em tecnologia e a acessibilidade da modalidade a distância nos locais

em que não existem faculdades nem a disponibilidade de diferentes cursos.

parte 2

capítulo 3

1. O perfil de consumo desse nicho de mercado consiste em: ter maiores informações sobre produtos e serviços em relação a outros consumidores; estar mais disposto a realizar pesquisas antes de efetuar a compra; efetuar busca constante por outras opções de produtos substitutos; ser mais insatisfeito e, com isso, trocar facilmente de marca.
2. a
3. Esse consumidor caracteriza-se pela busca do prazer e do consumo de produtos e serviços que proporcionem essa sensação.
4. a
5. a

capítulo 4

1. Logotipo é a representação gráfica da marca; já o *branding* é o conjunto de sentimentos – tanto positivos quanto negativos – causados por determinada marca.
2. a
3. d
4. a
5. *Coolhunter* é o profissional que identifica padrões e tendências a fim de analisar as mudanças ocorridas no mercado, bem como o impacto causado por essas alterações nos consumidores.

sobre os autores

Achiles Batista Ferreira Junior é autor de seis livros impressos e três *e-books* sobre marketing e comunicação. Também é coordenador e professor de cursos superiores nas modalidades presencial e a distância no Centro Universitário Uninter, em Curitiba, e em outras instituições educacionais do Estado do Paraná, além de ser palestrante e consultor de empresas na área de marketing. O autor é bacharel em Informática e Administração de Empresas pela Universidade Tuiuti do Paraná (UTP), especialista em Marketing Empresarial e Metodologia do Ensino Superior pela Fundação de Estudos Sociais do Paraná (Fesp) e em Educação Tecnológica e em Novas Mídias pelo Instituto Brasileiro de Pós-Graduação e Extensão (Ibpex), mestre em Gestão de Negócios pela Universidade Federal de Santa Catarina (UFSC) e doutorando em Tecnologia e Sociedade pela Universidade Tecnológica Federal do Paraná (UTFPR).

Marielle Rieping é escritora, palestrante, professora e consultora. Leciona no MBA em Marketing e no MBA em Gestão Empresarial e atua como coordenadora do MBA executivo em Business Law do Grupo Opet. Recebeu duas importantes premiações na área de marketing (Top de Marketing – ADVB) e é membro da Associação Brasileira dos Analistas de Inteligência Competitiva (Abraic) e da American Marketing Association (AMA).

Residiu em Madrid, Espanha, onde pesquisou a área de consumo e comportamento no segmento de varejo de moda. É administradora, especialista em Marketing e em Negócios do Vestuário pelo Serviço Nacional de Aprendizagem Industrial (Senai) e mestranda em Administração. Atua com muita dedicação e orgulho no Serviço Brasileiro de Apoio às Micro e Pequenas Empresas (Sebrae) e é autora do livro *Inovação 360°: um modelo estratégico e inovador para empreender e crescer.*

www.mariellerieping.com.br

Os papéis utilizados neste livro, certificados por instituições ambientais competentes, são recicláveis, provenientes de fontes renováveis e, portanto, um meio sustentável e natural de informação e conhecimento.

FSC
www.fsc.org
MISTO
Papel produzido a partir de fontes responsáveis
FSC® C057341

Impressão: Log&Print Gráfica e Logística S.A.
Março/2022